북한이주민과 지역사회복지

남북한 문화비교 총서

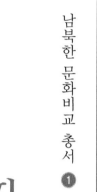

북한이주민과 지역사회복지

전주람 ｜ 임해영 ｜ 권진

○ 들어가는 글

남북한 문화비교 연구총서는 학계에만 국한되는 연구물에 대한 아쉬움으로부터 탄생하였습니다. 2020년 여름, 대표저자 전주람은 학회지라는 짧은 지면에 생생한 북한이주민들의 증언을 담아내는 작업이 한창일 때였고, 우연한 기회에 한국학술정보출판사의 학회지를 단행본으로 엮는 것에 관한 뜻깊은 광고를 보게 되었습니다. 이러한 간절한 마음은 2020년 7월 서울시립대학교에서 한국학술정보와의 만남을 성사시켰고, 우리 둘은 그간 정치와 경제, 사회문제에 대해 쏟아졌던 딱딱한 북한 관련 총서에서 벗어나 북한이주민들의 생생한 증언을 제시하는 방식의 남북한 문화비교 연구총서를 엮는 일이 보다 의미 있는 일이라는 확신에 차게 되었습니다. 전주람은 2014년부터 북한이주민들의 심리사회적 자원 연구를 시작으로 가족관계와 문화, 복지, 직장 생활 및 연애와 성과 사랑 등에 이르기까지 다양한 영역에서 주로 현장에서 인터뷰 방식으로 연구를 진행하였으므로, 그 내용들을 남북한 비교문화 총서로 엮는다면 보다 많은 독자들이 쉽게 책을 접할 수 있을 것이라고 판단했습니다.

남북한 비교문화 총서는 기존의 권력구조의 변화, 엘리트의 변동, 노선 및 정책의 변화 등과 같이 상부구조나 거시구조의 변화에 주로 분석의 초점이 맞추어져 있던 다수의 북한연구물들과는 달리, '일상생활(daily life)'의 연구 영역을 주된 관찰 현장으로 삼아 미흡한 북한이주민들의 일상생활이 어떠한지 자세히 보여줄 것입니다. 또한 '복지'를 시작으로 가족과 노동, 여가의 일상생활 영역을 전방위적으로 폭넓게 이해함으로써 사고의 지평을 확대할 것입니다. 이를 통해 기존의 북한이주민에 관하여 고정되어 온 부정적 편견과 고정관념을 걷어내고, 그들을 새로운 관점으로 바라봄으로써, 북한이주민이 누구인지에 관한 인식 제고의 전환점과 담론을 제공해줄 것이라 기대합니다. 또한 남한 출신 국민들이 북한이주민들을 이해하는 데 쉽게 다가가고 다름을 이해할 수 있는 좋은 주제로, 궁극적으로 향후 남북한의 사회문화적 통합에 중요한 기초 자료로 활용될 수 있을 것이라고 기대합니다.

프랑스 철학자 앙리 르페브르(Henri Lefebvre)는 일상생활을 인간의 전체성 관점에서 설명하였습니다. 자세히 보면, 인간은 욕구, 노동, 놀이와 즐거움을 찾는 존재로 세 가지 차원으로 파악되며, 세 가지 차원으로 파악되며, 이 세 가지 요소가 유기적인 관계로 통합될 때에만 비로소 인간의 참된 모습이 현실화된다는 것입니다. 즉 인간이 생존하기 위해서는 모든 물질적, 신체적 욕구가 충족되어야 하고, 동시에 그의 욕구를 충족시키기 위하여 일하지 않으면 안 된다고 언급한 것입니다. 일상생활 연구는 앙리 르페브르의 말을 빌리자면 일상을 다루는 것이 결국 일상성을 생산하는 사회, 우리가 살고 있는 그 사회의 성격을 규정짓는 것이므로 진지한 연구 대상이 되어야 마땅합니다. 다소 일상이 매일 되풀이되는 삶, 보잘 것없이 보이는 일상, 지루한 업무, 언제나 반복되는 사람과 사물들로 가득 차 있을지라도, 중요한 사실은 어떠한 사건들도 일상의 바탕 없이는 어떠한 일도 일어나지 않기 때문입니다. 이처럼 일상생활 연구는 사회 전체에 대한 평가와 개념화를 함축하므로 일상성을 하나의 개념으로만이 아닌 '사회'를 알기 위한 실마리로 간주하는 데 중요성이 있습니다. 따라서 남북한 비교문화 총서에서 북한 이주민들의 일상생활 모습을 전방위적으로 깊이 탐색하는 것은 사회문화적 통합의 영역에서 매우 중요할 뿐 아니라 실천적으로도 긴요한 일이라 할 수 있겠습니다.

총서 시리즈물의 첫 작품인 '복지' 편은 가족학과 사회복지학이라는 학문의 영역에 전문적인 지식을 쌓아온 연구자이자, 한국 사회 소수자로 살아가는 북한이주민들의 복지에 관해 관심을 지닌 세 명의 연구자가 모였습니다. 우리 셋은 '복지'라는 거대한 단어를 북한이주민들과 엮어볼 때 어떠한 방식으로 풀어낼지에 관한 고민과 숙의의 과정에서, 지역사회복지에 초점을 두어 북한이주민들이 보다 나은 일상생활을 살아갈 수 있도록 하는 복지를 논한다면 보다 쉽게 독자들이 이 책의 내용을 이해할 수 있게 되리라 판단했습니다. 그 숙고의 여정 안에서, 세 연구자는 '북한이주민, 복지, 일상생활'이라는 주제로 공동 집필하였습니다. 이 주제들은 이 책에서 3편의 구조로 전개될 것입니다.

본서는 크게 3편으로 구성되었습니다. 1편에서는 북한이주민의 탈북 동기와 입국 현황을 소개하고, 북한이주민들이 남한사회에서 어떻게 적응해가는지에 관한 적응 과정을 상세히 살피며, 북한이주민들의 심리적, 사회적 문화 적응 특성을 소개하였습니다. 그러면서 이 책의 키워드인 북한이주민들에게 사회복지란 무엇인지에 관해 문제를 제기하며 그것을 지역사회복지 차원과 어떻게 연결될 수 있는지를 기술하였습니다. 이를 통해 북한이주민들에게 '복지'란 무엇인지에 대한 문제의식을 던지고 독자로 하여금 그들을 위해 펼쳐져 왔던 지역사회 차원의 복지에 관한 논의점을 활발히 이어갈 수 있도록 했습니다.

2편에서는 북한이주민들이 남한사회로 이주하여 어떠한 지역사회복지 경험을 갖는지에 관한 생생한 연구사례를 바탕으로 구성하였습니다. 우선 남한사회에서 탈북자와 여성, 한 부모라는 소수자의 위치에서 자녀를 양육하는 경험이 어떠한지 생생한 증언을 바탕으로 그들의 욕구는 무엇인지 고찰해 봤습니다. 동시에 그 과정에서 어떠한 심리내외적 자원을 활용하여 버티어 나가는지도 살폈습니다. 두 번째로는 본격적으로 북한이주민들이 지역사회복지관을 어떠한 방식으로 경험하는지 살폈습니다. 북한이주여성과 남성으로 나뉘어 연구되어 왔던 기존의 연구물을 토대로 실제 그들이 어떠한 복지서비스를 경험하고, 그 안에서 어떠한 심리적, 사회문화적 적응 과정을 거치는지 그 내용을 생생한 증언을 제시하며 구성하였습니다. 이러한 인터뷰에 기반한 증언 방식은 사회복지서비스 관련 전문가들이 향후 북한이주민들에게 어떠한 복지서비스를 제공해야 좋은지, 또한 그간 이루어져 왔던 북한이주민들의 '복지'서비스에 관한 반성과 성찰을 꾀하는 데 의미 있을 것입니다.

마지막으로 3편에서는 북한이주민에 대한 한국의 복지정책과 향후 방향성에 관해 논의하였습니다. 복지정책의 대상자로서 북한이주민들은 누구인지 한국사회에서 소수자로 존재하는 그들의 위치를 점검하고, 북한이주민들의 생활과 경제, 복지 전반에 걸친 적응도가 어떠한지 정리하였습니다. 그리고 북한이주민들을 대상으로 한 지역사회복지의 현주소를 되짚어보며 향후 북한이주민들을 위한 복지서비스에 관해 논의하며 글을 마쳤습니다.

이 책을 집필하는 과정에서 다양한 전문 서적을 살폈고 연구물을 재구성하고 논의하며 이 책에 담아냈습니다. 그런데 한 권의 책을 엮는다는 것은 마음의 열정만큼 간단하지 않은 일입니다. 저자들은 남한 출생 연구자들로 '북한'에서 살았던 경험이 전혀 없고, 북한학을 전공하지도 않은 가족학자와 사회복지연구자들로서 북한에 대한 지식이 매우 짧아 글로 표현하는 일은 쉽지 않았습니다. 그럼에도 불구하고 일상생활에 진지한 관심을 가진 세 명의 연구자들은 몇몇 북한이주민들의 증언과 전문 서적에 의지하여 결과물을 내놓습니다. 이 책이 나오기까지 부족한 연구자의 뜻을 깊이 헤아려주신 한국학술정보 팀장님을 비롯하여, 남북한 비교문화 총서 시리즈를 맡아 진행하고 계신 기획·편집팀, 그리고 무엇보다 연구참여자로 인터뷰에 흔쾌히 응해주신 북한을 고향으로 두고 계신 모든 연구 참여자분들께 깊은 감사의 마음을 전해드립니다.

2023년 봄, 서울시립대학교에서
대표 저자 전주람

○ 목차

제3장 북한이주민에 대한 한국의 복지정책과 향후 방향성 _권진

임 해 영
(예명대학원대학교)

제1장

북한이주민에게
사회복지란
무엇인가?

1. 북한이주민들은 왜 탈북하는가?

1) 북한이주민 입국 현황과 인구사회학적 주요 특성

한국에 온 지 3년 만에 목표를 세웠어요. 빨리 정착하고, 남들만큼 잘돼서 정치인이 되는 것입니다. 탈북민에 대한 이중적(탈북민은 경찰도 될 수 없다)인 태도는 한국사회의 표상입니다. 나는 정치인이 되면 한국 사람과 탈북민이 구별 없는 사회를 만들고 싶어요. 외국인보다 더 못한 탈북민 시선을 깰 때 앞으로 통일이 되어도 탈북민들이 당당하게 차별 없이 어떤 지위와 역할을 다할 수 있다고 생각합니다(K, 45세 공무원)(최순미, 2021).

위 인터뷰 사례는 북한이주민이 우리 한국사회에 적응하는 과정에서 겪어야 할 명시적, 묵시적 차별이 얼마나 크며, 그것을 감내해야 하는 개인과 집단에 부과된 삶의 무게가 얼마나 무거울지를 짐작할 수 있게 한다. 그럼에도 불구하고, 한국사회에는 90년대 중반 이후로 입국 인원이 지속적으로 증가하여 2009년까지 연간 약 3,000명 가까운 인원(통일부, 2020)이 한국사회로 입남하였다.

「북한이탈주민의 보호 및 정착지원에 관한 법률(일명 북한이탈주민법)」 제2조에 따르면, 북한이주민이란 북한에 주소, 직계가족, 배우자, 직장 등을 두고 온 사람으로서, 북한을 벗어난 후 외국 국적을 취득하지 아니한 사람을 의미한다. 우리나라의 경우, 1997년 「북한이탈주민법」이 제정된 이후, 북한이탈주민이 공식 용어로 사용되고 있으며, 정부는 이를 줄여 탈북민이라는 용어를 사용하고 있다. 최근까지도 북한이탈주민과 함께, 우리 사회에 거주하는 탈북민을 지칭해왔던 '새터민'이라는 용어는 이 용어를 반대하는 북한이주민과 북한이주민단체로 인해, 통일부에서는 이 용어를 쓰지 않기로 발표하였다(Daily NK, 2008). 이것은 통일부의 경우, 서로 논쟁이나 쟁점 사항이 있으면, 가급적 피해가면서 법률적 용어인 북한이탈주민이라는 용어를 사용하는 것이 타당하다는 측면에서, 2008년부터 '새터민'이라는 용어를 사용하고 있지 않다(통일부, 2020). 북한이탈주민은 1980년대까지는 '귀순 용사'로 대접받으며, 체제경쟁 시대에 대한민국의 정치사회적 우월성을 가시적으로 보여주며 반공교육 일선을 누비던 증언자에서, 1990년대 북한을 탈출한 '탈북자'의 시대를 넘어, 현재는 북한을 벗어났다는 거주지역의 이동성을 중시하는 '이탈주민'으로, 시대적, 정치사회적 상황에 따라 이들의 위치와 처지(이우영, 2004)가 바뀌었다고 할 수 있다.

북한이주민의 입국 현황은 통일부의 『북한이탈주민 정착지원 실무편람』에 의하면, 2020년 6월 기준 약 33,670명으로 남성 9,404명, 여성 24,266명으로 나타나고 있다. 그러나 2012년 김정은 정권 출범 이후, 접경지역 통제 강화 등으로 입국 인원이 감소하여, 대한민국으로의 입국 인원은 1,100~1,500여 명 수준이 유지되고 있다. 하지만 2020년 초 전 세계를 강타한 코로나19의 영향으로 국가 간 국경폐쇄 등으로 인해 탈북이동 경로가 막히면서, 2020년 6월 말 기준 입국 인원은 2019년 대비 현저하게 줄어든 것으로 나타나고 있다. 또한 입국 성별에 있어, 남성 27.9%, 여성 71.1%로 여성의 입남 비율이 현저하게 높다는 것을 알 수 있으며, 입국 연령대의 경우, 20대(20~29세) 28.45%와 30대(30~39

세) 28.74%, 40대(40~49세) 17.7%, 50대(50~59세) 6.02%로 나타나고 있다(통일부, 2020). 이것은 20·30대의 젊은 연령대에서 대한민국 사회로의 입국이 높았다는 것이며, 상대적으로 50대 이후 연령대에서 입남 현황 비율이 낮다는 것을 알 수 있다. 물론 위 조사 결과는 2021년 남북하나재단의 『북한이탈주민 정착실태조사』 결과와는 약간의 차이를 보이고 있다. 성별의 경우 남성 24.0%, 여성 76.0%로 나타나고 있으며, 연령대에 있어서는 40대가 28.5%, 30대가 24.5%를 차지하고 있어, 40대가 가장 높은 비중으로 남한 사회에 입국하는 것으로 조사되고 있다(남북하나재단, 2021). 위와 같은 조사 결과를 통해 알 수 있는 것은 북한이주민은 성별에 있어서는 여성의 비율이 현저하게 높고, 연령대에 있어서는 20~40대까지의 사회경제적 활동을 가장 왕성하게 할 수 있는 비교적 젊은 연령대에서 남한사회로의 유입이 높다는 것을 알 수 있다. 북한 거주 시 이들의 직업은 2020년 6월 말 기준 무직·부양이 45.01%로 가장 높고, 노동자 39.66%로 나타나고 있다. 이 조사에서 관리직 1.64%, 전문직 2.22%인 것으로 나타나, 남한사회로 유입되고 있는 북한이주민의 대다수는 직업 생활을 하지 않는 무직이거나 노동자층이 대다수라는 것을 알 수 있다. 또한 북한 거주 시 학력을 살펴보면, 중학교(고등중) 69.31%, 전문대학 이상 17.2%로 나타나고 있다. 이를 통해 북한을 이탈하는 주민은 주로 무직이거나 중고등학교 출신의 블루칼라 노동자들이 대부분을 차지하고 있는 것으로 짐작해 볼 수 있다.

한편, 남북하나재단의 『2021년 북한이탈주민 실태조사』에 의

하면, 남한 거주기간은 '10년 이상'이 54.1%로 가장 높고, '5～10년 미만'이 29.3% 순으로 나타나고 있다. 또한 남북통합학력의 경우, '중고등학교 졸업 이하'가 67.0%로 가장 높고, '대학교 재학 이상' 17.9%, '전문대학 졸업 이하' 11.1% 등의 순으로 나타나고 있으며, 남한 거주기간이 길수록 학력 수준이 높아지는 것으로 보고하고 있다. 거주지역의 경우, '경기'가 30.4%로 가장 높으며, '서울' 23.7%, '인천' 10.6%로, 약 65%에 가까운 북한이탈주민이 수도권 지역에 거주하고 있는 것으로 나타나고 있다. 그리고 북한 내에서 직업은 '직업 있었음'이 59.3%, '노동자·봉사원'이 30.7%의 비율로 나타나고 있다. 이와 더불어, 남한사회에서 거주형태는 '하나원'에서 배정받은 집 또는 '임대아파트'가 57.9%로 가장 높은 비율을 차지하고 있으며, '타인 소유의 집'이 20.5%, '본인 소유의 집'이 18.2%로 나타나고 있다. 남한 생활 만족도의 경우, 조사대상 76.5%가 '남한 생활에 대해 만족한다'로 응답하였고, 만족 이유로는 '자유로운 삶을 살 수 있어서'가 30.8%, '내가 일한 만큼 소득을 얻을 수 있어서' 24.8%, '북한보다 경제적 여유가 있어서' 22.7%로 나타나고 있다. 반면에 남한 생활에 불만족한 이유로는 '가족과 떨어져 살아야 해서'가 29.8%, '경쟁이 너무 치열해서'가 19.7%, '남한사회의 차별/편견 때문에'가 16.5% 순으로 나타나고 있다(남북하나재단, 2021). 이와 같은 북한이주민의 인구사회학적 주요 특성을 통해 유추해볼 수 있는 것은 북한을 이탈하는 주민은 여성의 비율이 현저하게 높고, 이들의 북한 내에서 학력과 직업은 주로 중고등학교 졸업자이면서 엘리트 계층의 전문직이라기보다 기능직이거나 서비스직의 블루칼라 노동자일 가능성이 높다. 또한 이들은 하나원에서 제공하는 집 혹은 임대아파트에서 사는 비율이 높다는 점에서 남한사회에서 하층민으로 살아갈 가능성이 높다.

실제 남북하나재단의 『2021년 북한이탈주민 실태조사』에서 조사대상 북한이탈주민들은 스스로를 '하층민'으로 응답한 경우가 44.1%로 나타나고 있으며, '중간층'으로 생각한 경우는 53.8%로 나타나고 있다(남북하나재단, 2021). 이와 더불어 대다수의 북한이탈주민은 남한에서의 생활을 만족하는 것으로 나타나고 있다. 하지만 남한 생활에 불만족한 경우, 북한에 남겨둔 가족과의 생이별의 문제도 있지만, 남한의 치열한 경쟁 사회 구조, 남한사회의 차별과 편견도 적지 않은 비중을 차지하고 있다. 이것은 능력주의와 성과주의를 강조하는 남한사회의 사회적 분위기와 북한이주민에 대한 남한사회의 부정적 인식이 이들의 남한사회의 적응에 어려움으로 작용하고 있다는 것을 짐작해볼 수 있다.

2) 북한이주민의 남한 입국 배경

그렇다면 한국사회 내 정착과 적응이 쉽지 않음에도 불구하고, 상당수의 북한이주민들은 왜 한국사회로 입국하는 것일까?

2021년 남북하나재단의 『북한이탈주민 정착실태조사』에 의하면, '북한 체제의 감시 · 통제가 싫어서(자유를 찾아서)(22.8%)', '돈을 더 많이 벌고 싶어서(10.7%)', '가족(자녀 등)에게 더 나은 생활환경을 주려고(10.7%)' 등의 순으로 나타나고 있다. 그리고 이것을 연령별로 구분해보면, 20대는 먼저 탈북한 가족을 찾거나 함께 살고 싶

<표 1> 탈북 동기

(단위: %)

Base=전체		북한 체제의 감시·통제가 싫어 (자유를 찾아서)	식량이 부족해서	가족 (자녀 등)에게 더 나은 생활환경을 주려고	돈을 더 많이 벌고 싶어서	먼저 탈북한 가족을 찾거나 함께 살기 위해
2021년		22.8	21.6	10.7	10.7	10.4
연령대	15~19세	5.2	2.3	7.5	0.7	16.0
	20대	15.0	6.3	6.8	6.5	21.6
	30대	25.3	20.5	9.1	12.2	10.4
	40대	24.7	26.5	12.5	14.0	6.0
	50대	24.8	23.4	13.4	11.4	6.5
	60대 이상	20.8	28.7	9.7	4.2	15.8

출처: 남북하나재단, 2021, 『2021년 북한이탈주민 정착실태조사』, p.42

어서가 더 높은 탈북 동기가 되고 있다면, 60대 이상은 '북한 체제의 감시·통제가 싫어서(자유를 찾아서)'와, '식량이 부족해서'가 높은 탈북 동기 비중으로 나타나고 있다. 40대와 50대의 경우, '가족(자녀 등)에게 더 나은 생활환경을 주려고'가 높은 탈북 동기의 비율을 차지하고 있다(남북하나재단, 2021).

이 조사 결과가 의미하는 것은 1990년대 후반 고난의 행군 시기 초기 탈북 배경의 유형이 주로 굶주림과 극빈의 문제에서 벗어나고 싶은 생존의 문제와 직결되어 있다면, 2020년대의 젊은 청년층과 중장년층은 좀 더 자유롭고 나은 '다른' 삶을 살고 싶은 개인적 욕구가 점점 더 높게 반영되고 있다는 것을 짐작해볼 수 있다.

북한이주민의 본격적인 북한 이탈의 시작은 북한의 대기근 상황이 장기화되기 시작한 1990년대 중반부터, 많은 사람들이 식량을 구하기 위해 상대적으로 경계가 덜 엄중한 사회주의 형제국이었던 중국의 국경 지역으로 넘어가면서 본격화되었다고 할 수 있다. 그중 상당수는 일제 식민체제 속에서 만주 지역이었던 중국 땅으로 이주한 조선족 출신이거나, 그들과 가까운 친인척 관계에 있는 사람들이었다(정병호, 2014). 하지만 중국의 '대약진운동' 시기의 대기근과 '문화혁명' 시기의 소수민족에 대한 탄압을 피해서 북한으로 돌아온 조선족들이 북한이 식량 부족의 어려움에 처하면서, 중국에 남아 있던 친인척들에게 도움을 청하기 위해 다시 국경을 넘어오기도 했다(정병호, 2014). 그뿐만 아니라, 2011년 국정감사위원 요구자료에서도 북한이주민의 탈북 이유로 '생활고', '동반탈북', '체제불만', '처벌우려', '자유동경', '가정불화', '중국정착' 순으로 나타나고 있다.

위와 같은 조사 결과는 북한이탈주민의 북한 이탈 목적이 단순히 체제 불만과 같은 정치적인 이유에서 기인한다고만 보기 어려운 지점이다. 오히려 북한이주민은 힘든 생활고를 벗어나거나, 돈을 더 많이 벌기 위한 경제적 목적에서 북한을 이탈하여 남한사회로 유입되는 이유도 크다고 할 수 있다. 즉 이들은 경제적 곤란의 문제를 넘어, 좀 더 인간다운 삶을 추구하고자 하는 '삶의 질'의 측면에서 남한사회로 진입할 가능성이 크다는 것이다. 이를 뒷받침하듯, 한명진(2020)은 "북한 이탈의 목적으로 지목된 경제적인 목적은, 경제적인 궁핍보다는 '보다 나은 삶'을 추구하고자 하는 목적을 가지고 있고, 북한이탈주민의 생계급여수급률 등도 안정된 양상을 보이고 있으므로, 우리 사회의 최저생계를 유지하게 하는 경제적 지원책은 더 이상 북한이탈주민을 위한 복지정책이 될 수 없음을 보여준다(한명진, 2020)"라고 지적한 바 있다.

그렇다면 북한이주민의 한국사회 적응과 사회통합의 문제를 해결하기 위해서는 단순히 빈곤선과 문화적 인간으로서 최소한의 삶을 보장해주는 최저 기준선에 초점을 맞춘 정책과 서비스는 설득력이 떨어질 수밖에 없으며, 오히려 이들의 삶의 질 전반을 향상시킬 수 있는 총체적 접근방식이 필요하다고 할 것이다. 또한 이들이 남한사회와 상반된 정치체제에서 살아온 사람들이라는 점에서 이들은 상이한 정치·사회적 배경을 지니고 있으며, 이로부터 야기되는 삶의 가치와 생활방식에 있어서도 상당한 간극이 존재할 수 있다. 이것은 이들의 남한사회 적응과 통합을 돕기 위해서는 북한이주민의 정치·사회적 배경으로부터 야기되는 삶의 가치와 생활방식 등도 감안한 제도적, 실천적 서비스 방안들이 고민될 필요가 있다는 것이다. 또한 다양한 연령대와 인구사회학적인 배경을 지닌 북한이탈주민이 한국사회로 유입되고 있다는 점에서, 북한이주민 내 집단별 차이를 고려한 지원책이 필요한 시점이 되고 있기도 하다.

그렇지만 남북하나재단에서 조사한 북한이주민의 경제활동 실태를 살펴보면, 2020년 기준 일반 국민의 경제활동 참가율이 62.4%인 데 비해, 북한이주민은 60.1%이며, 고용률의 경우도 60.4%에 비해 북한이주민은 54.4%에 불과한 것으로 나타나고 있다. 실업률의 경우도, 우리나라 일반 국민이 3.1%인 것에 비해, 북한이주민은 9.4%인 것으로 나타나고 있다. 게다가 최근 3개월간의 평균임금을 비교해보면, 북한이주민이 일반 국민에 비해 45.7

만 원 정도를 적게 버는 것으로 조사되고 있다(남북하나재단, 2021).
이것은 코로나 19라는 특수한 사회적 재난 상황으로 인한 경제 상
태 악화를 고려하더라도, 북한이주민의 경제활동의 현실태는 우리
나라 일반 국민에 비해 훨씬 더 열악할 수 있다는 것을 시사한다.
그뿐만 아니라, 생계급여를 받는 북한이탈주민의 경우, 전체 북한
이탈주민의 23.6%를 차지하고 있다(남북하나재단, 2021). 이것은 우
리나라 일반 국민의 생계급여 비율이 3.6%인 것에 비해 훨씬 높다
는 것을 알 수 있다.

〈표 2〉 북한이탈주민 경제활동 실태 및 생계급여 수급 현황

내용	2020년	2021년	2021년 일반 국민
경제활동 참가율	60.1	61.3	63.7
고용률	54.4	56.7	61.2
실업률	9.4	7.5	4.0
최근 3개월 이내 월평균 임금비율	216.1	227.7	273.4
생계급여 수급률	23.8	(2019년 일반 국민)	3.6

출처: 남북하나재단, 2021, 『2020년 북한이탈주민 정착실태조사』, p.61.
  e-나라지표(https://www.index.go.kr/, 2022. 11.10 검색)

이처럼 북한이주민의 열악한 경제활동 수준은 이들의 빈곤화로
이어질 가능성이 높고, 빈곤화는 교육, 남한사회 적응, 문화 및 여가
활동 등 사회활동 전반에서 이들이 주변화될 가능성을 높일 수 있
는 가능성이 농후하다(박현식·이옥진, 2017). Deci와 Ryan(2002)은 동기
란 모든 문화에서 자신과 타인의 행동을 이해하기 위해 가장 기본
적 차원이 된다(Deci & Ryan, 2002)고 하였다. 이 말은 동기를 좀 더 섬

세하게 이해할 경우, 이것은 동기를 가진 당사자의 행위와 욕구를 좀 더 깊이 있고 풍부하게 파악할 수 있는 지평이 넓어진다는 것을 의미한다. 이러한 측면에서 지금까지 국내에서 북한이탈주민의 탈북 동기를 검토한 기존 문헌들은 주로 고정화된 설문 지표를 통한 계량화된 연구에 역점을 두었다고 할 수 있다. 이로 인해, 이들의 탈북 동기를 좀 더 심층적이고 과정적으로 이해하는 데는 역부족이었다고 할 수 있다. 따라서 우리 사회가 북한이주민의 한국사회 적응과 통합을 총체적으로 지원하기 위해서는 이들의 탈북 동기와 입남으로의 유입 배경을 좀 더 심층적으로 섬세하게 이해하는 연구작업이 필요하다고 할 수 있다.

2. 북한이주민들은 어떻게 지역사회에 적응하는가?

북한이주민이 한국사회로 진입하여 국내에 정착할 시, 이들의 정착 과정은 몇 가지 절차를 밟게 된다. 통일부의 『2020 북한이탈주민 정착지원 실무편람』에서는 북한이탈주민의 정착지원 절차(통일부, 2020)를 다음과 같이 제시하고 있다.

"북한이탈주민의 국내 정착을 위한 지원 과정은 크게 보호요청 및 국내이송, 조사 및 임시보호조치, 보호결정, 하나원정착준비, 거주지보호(5년), 민간참여의 6가지 단계적 과정을 거치게 된다. 먼저 보호요청 및 국내이송 과정에서는 북한이탈주민의 보호요청 시 외교부, 관계부처에 상황을 보고 및 전파하고, 해외공관 또는 주재국 임시보호시설에 이들을 수용하며, 신원 확인 후 주재국과 입국교서 및 국내 입국을 지원하게 된다. 조사 및 임시보호조치 과정에서는 한국 입국 후 국정원이 보호 결정 여부를 위한 조사를 실시하고, 긴급한 지표 등 임시보호조치를 실시하게 된다. 그리고 조사 종료 후에는 사회적응교육시설인 하나원으로 이송하게 된다. 보호결정 단계에서는 「북한이탈주민대책협의회」의 심의를 거쳐 보호 여부를 결정하며, 보호결정 세대단위를 결정하게 된다. 하나원정착준비 단계에서는 사회적응교육을 12주에 걸쳐 400시간 실시하며, 교육내용 안에는 심리안정, 우리 사회 이해증진, 진로지도상담, 기초직업훈련 등이 포함된다. 또한 초기 정착을 지원하게 되는데, 여기에는 가족관계 창설, 주거알선, 정착금·장려금 지원 등이 포함된다. 거주지보호(5년) 단계에서는 생계·의료급여 지급을 통한 사

● 정착지원 체계

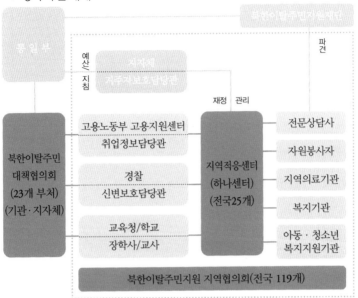

출처: 통일부, 2020, 『2020 북한이탈주민 정착지원 실무편람』, p.14.

〈그림 1〉 북한이탈주민의 국내 정착을 위한 지원 체계

회안전망 안으로 편입하게 하며, 취업지원, 교육지원과 더불어, 보호담당관을 통해 이들을 지원할 수 있도록 하고 있다. 마지막으로 민간참여는 남북하나재단을 통해 종합적 서비스와 지역적응센터 지정·운영, 민간자원봉사자와의 연계를 통한 정착도우미제도, 북한이탈주민 전문상담사 등을 운영(통일부, 2020)"하게 된다. 또한 북한이탈주민의 원활한 정착지원을 위해 "정부, 지방자치단체, 민간의 유기적 상호 협력 체계에서 추진하며, 중앙정부 차원에서는 통일부가 「북한이탈주민대책협의회」를 통해 탈북민 정책을 협의·조정하며, 거주지 차원에서는 지자체와 지역적응센터가 탈북민의

특성과 지역 상황에 따른 정착지원 서비스를 제공하는 것으로 제시하고 있다. 이와 더불어 민간 차원에서는 지역 민간단체, 의료기관, 종교단체, 자원봉사자 등이 남북하나재단 및 지역적응센터와 함께 연계하여 지원(통일부, 2020)"하는 것으로 제시하고 있다. 이 정착지원 체계를 통일부의 『2020 북한이탈주민 정착지원 실무편람』에서는 위의 〈그림 1〉과 같이 제시하고 있다.

특히 북한이주민이 하나원 교육을 종료하고, 지역사회 최초 거주지로 옮겨갈 시 이들의 지역사회 적응과 자립기반 조성을 지원해주는 것이 「북한이탈주민 지역적응센터」이다. 이 지역적응센터의 경우, 2020년 기준 전국적으로 약 25개가 운영되고 있으며, 이 센터의 주요 사업내용으로는 "지역전입 및 초기생활지원, 초기집중교육, 지역적응지원, 종합상담 및 사례관리, 유관기관 네트워크 및 지역사회커뮤니티 중심기능"을 중심으로 진행하고 있다. 지역전입 및 초기생활지원의 경우, 거주지 이동, 전입신고, 주택계약 및 입주 지원, 지역 및 생활 안내 등에서 이루어지며, 초기집중교육의 경우, 개인별 초기상담, 실생활 현장체험, 지역특성화 프로그램 등에서 이루어진다. 이와 더불어 지역적응지원은 지역사회 정착과 관련된 각 분야별 지역적응 프로그램 실시 및 서비스 제공 차원에서 이루어지고 있으며, 종합상담 및 사례관리는 북한이주민의 심층적 이해를 바탕으로 심리상담, 의료, 교육, 복지, 취업지원 등에서 좀 더 전문적이고 종합적인 서비스가 이루어지도록 지원하고 있다. 더욱이 이 지역적응센터의 경우, 북한이주민에게 도움을 줄 수 있거나 주는 지역사회 내 유관기관과의 유기적 네트워크 구축

체계 마련, 탈북민의 지역사회 교류와 인식개선을 위한 사업(통일부
·북한이주민지원재단, 2021: 5-8)을 실시하고 있다. 2021년『북한이탈
주민 지역적응센터 업무 매뉴얼』에서는 이 센터의 사업 내용을 아
래 〈표 3〉과 같이 제시하고 있다.

〈표 3〉 북한이탈주민 지역적응센터 사업내용

지역전입 및 초기생활지원	■ 하나원 교육 수료 후 최초 거주지에 전입하는 북한이탈주민에 대한 지역전입 지원 (거주지 이동, 전입신고, 주택계약·주택입주 지원, 지역·생활 안내 등 실시)
초기집중교육	■ 최초 거주지로 전입하는 북한이탈주민의 지역사회 적응을 위한 초기집중교육 실시(8일, 50시간) - 개인별 초기상담, 실생활현장체험, 지역특성화 프로그램 등
지역적응지원	■ 정착과 관련된 분야별 지역적응 프로그램 실시 및 서비스 제공 - 교육 및 진학, 진로 및 취업, 사회보장제도교육, 심리·정서, 법률, 기타 사후지원 사업 등
종합상담 및 사례관리	■ 북한이탈주민에 대한 심층적 이해를 바탕으로 심리상담, 의료·교육·복지·취업지원 등 전문적이고 종합적인 정착지원 서비스 제공 ■ 북한이탈주민이 정착 및 적응 과정에서 겪는 문제와 욕구를 입체적이고 심도 있게 파악하여 개인별 맞춤형 사례관리 실시
유관기관 네트워크 및 지역사회 커뮤니티 중심기능	■ 북한이탈주민에 도움을 주거나 줄 수 있는 지역 내 정착지원 유관기관 협력체계 구축 ■ 각 기관 MOU 등 체결을 통해 유관기관 자원 활용, 연계사업 추진 등 ■ 탈북민 지역사회 교류, 주민통합, 탈북민 인식개선 활동 수행

출처: 통일부·남북하나재단, 2021,『2021 북한이탈주민 지역적응센터 업무 매뉴얼』, p.12.

또한 북한이주민 지역적응센터는 사례관리업무를 통해 북한이
주민의 지역사회 정착 초기상담일지 및 사정을 거쳐 사례관리 대

상 여부를 판단하고, 사례관리를 진행하게 된다. 이들에 대한 사례관리가 필요한 이유는 이들의 개인별 복합적인 문제와 상황에 맞는 이슈들을 지역사회 자원연계와 협력을 통해 문제해결을 돕는 체계적 활동이기 때문이다. 이를 위해 이들을 위한 정착지원 전문가들이 북한이탈주민 개인 혹은 가족의 복합적인 욕구에 적합한 다양한 서비스를 제공하게 된다(통일부·남북하나재단, 2021). 이뿐만 아니라 통일부·남북하나재단(2021)은 북한이탈주민의 『2021 북한이탈주민 복지서비스 가이드북』을 통해, 북한이탈주민의 사회보장지원, 정착금지원, 주택알선지원, 취업지원, 자산형성지원, 법률상담, 교육지원, 교육비지원, 취약계층생계비지원, 의료비지원 등을 상세하게 안내하고 있다. 또한 북한이탈주민 종합상담 콜센터(1577-6635) 운영(통일부·남북하나재단, 2021)을 통해, 북한이탈주민의 안정적인 지역사회 정착을 지원하고 있다. 이를 통해 우리나라의 북한이주민에 대한 지역사회 정착을 위한 정책은 상당히 체계적 전달체계 안에서 전문적 지원이 이루어지고 있다는 것을 알 수 있다.

그럼에도 불구하고, 통일부는 2021년 북한이탈주민 취약계층 조사를 통해, 북한이탈주민 1,226명을 대상으로 1,418건의 맞춤형 지원을 위한 계획을 수립하였다. 이 조사에서 조사를 완료한 1,523명 응답자 중 약 25%가 '생계'를 직면하는 주요 문제로 제시하였고, '교육·진학' 22%, '정신건강' 20%, '가족관계' 4% 순으로 자신들에게 놓인 주요한 문제를 답하고 있다. 또한 북한이탈주민 응답 대상의 71%는 2개 이상의 복합적 문제를 지니고 있다(통일부, 2022)고 호소하고 있다. 이것은 북한이주민의 한국 지역사회

내 안정적 정착과 적응이 쉽지만은 않은 일이라는 것을 짐작해볼 수 있는 지점이다. 더욱이 서울의 한 임대아파트에서 탈북민 여성과 그녀의 6살 난 아들이 아사로 추정되는 사건이 알려지면서, 우리 사회에 커다란 충격을 안긴 바 있다. 이 모자는 사망한 지 2달이 넘었으며 시신이 매우 마른 상태였고 집 안에 먹을 것이라곤 고춧가루밖에 없었다는 점을 미루어, 굶주림에 시달리다 사망한 것 (KBS, 2019)으로 추정하였다. 위와 같은 사건은 국가가 사회적 안전망을 통해, 북한이주민의 삶 전반을 지원하고 있고, 사회복지 정책 서비스를 통해 복지 사각지대를 해소하기 위한 사회적 노력이 확대되고 있다고 하더라도, 여전히 북한이주민이 지역사회 안에서 정착해서 지역사회 주민으로서 온전히 적응하며 살아가기 위해서는 국가의 정책적 서비스 지원은 매우 중요하다. 하지만, 이것이 북한이주민 당사자에게 잘 제공될 수 있는 체계적 전달체계와 이 전달체계가 원활하게 작동될 수 있는 공적 영역과 민간 영역의 유기적 협력체계 구축, 지역사회 주민으로서 함께 살아갈 수 있는 지역사회 공동체 내 네트워크 구축이 중요하다고 할 것이다.

이를 반영하듯, 정부는 2021년 『제3차(2021~2023) 북한이탈주민 정착지원 기본계획』 수립을 통해, 그동안 북한이탈주민 지원 정책에서 한계점으로 인식되어 온 일반 국민의 수준에 미치지 못하는 북한이탈주민의 생활 수준, 고독사, 재입북, 성폭력 등 탈북민 위기사례의 지속, 저학력 및 재북 경력 발전 기회 제한, 자치단체의 참여·역할 확대 등의 정책환경 변화, 코로나 19의 상황이 지속되는 등의 한계점을 극복하고, 북한이탈주민에 대한 포용적 사회환경 조성과 생산적 기여자로서 탈북민의 우리 사회 안정적 정착, 통일 미래를 지향하는 우리 사회 구성원으로의 안착을 목표하고 있다. 또한 이러한 목표를 실현하기 위해 6대 분야에서 24개 정책과제를 제시하고 있다(통일부, 2021). 이것에 대한 구체적인 내용은 아래 〈표 4〉와 같다.

〈표 4〉 6대 분야 24개 정책과제

비전	북한이탈주민이 이웃이 되는 따뜻한 사회 구현	
목표	북한이탈주민에 대한 포용적인 우리 사회 환경 조성 생산적 기여자로서 탈북민의 우리 사회 안정적 정착 통일 미래를 지향하는 우리 사회 구성원으로의 안착	
1. 탈북민을 포용하는 사회적 환경 조성	1-① 지역주민과 소통·교류 활성화 1-② 탈북민 단체 지원 및 소통 확대 1-③ 탈북민 정착 우수사례 발굴 및 확산	
2. 북한이탈주민 보호·지원체계 내실화	2-① 지자체의 참여·역할 확대 2-② 탈북민 지원기관 간 소통·협업 강화 2-③ 비대면 정착지원 시스템 공고화 2-④ 탈북민 보호 체계 내실화 2-⑤ 해외 체류 탈북민 보호 강화	
3. 취약계층 생활밀착 서비스 확대	3-① 수요 맞춤 개인별 서비스 확대 3-② 취약계층 생활 안정 지원 강화 3-③ 심리상담 및 전문 분야 교육 지원	
4. 맞춤형 일자리를 통한 자립·자활 지원	4-① 맞춤형 취업·창업 지원 4-② 탈북민 취업지원 협업체계 강화 4-③ 자산형성 지원제도 안착 4-④ 탈북민 채용유인제도 개선	
5. 탈북청소년 교육 및 건강한 가정 형성 지원	5-① 입국 초기 적응지원 5-② 정규학교 재학 중인 탈북청소년 적응 강화 5-③ 탈북대학생 교육지원 사업 개선 5-④ 대안교육시설 지원 내실화 5-⑤ 탈북학생 잠재역량 강화 지원 5-⑥ 건강한 가정 형성 지원 5-⑦ 무연고 청소년에 대한 보호 강화	
6. 정착지원 시설·인력 기반 강화	6-① 참여형·맞춤형 실용적 하나원 교육 운영 6-② 하나센터 운영 내실화 및 인력 역량 강화	

출처: 통일부, 2021, 「제3차(2021~2023) 북한이탈주민 정착지원 기본계획」 수립, p.17

하지만, 북한이주민은 한국사회 정착과 적응 과정에서 많은 어려움을 겪는 것으로 보고되고 있다. 먼저 김기창(2015)은 한국사회로 이주한 북한이주여성의 경제적 차원의 어려움을 '정보 빈곤에서 오는 일자리 및 직장유지정보의 부재', '채용과정부터 직장 내차별과 무시', '낮은 경제적 수준', '초기 브로커 비용 등의 정착비용 부담으로 인한 생활고의 시작' 등을 보고하고 있다. 또한 사회적 차원에서는 '편견과 무시로 인해 탈북인임을 숨기고 싶어 하거나, 언어문화적 차이로 인한 소통의 어려움과 갈등'을 제시하고 있으며, 심리적 차원에서는 '심리 정서적 위축, 생활 스트레스, 탈북과정에서의 이상과 탈북 후 현실 사이의 간극, 사회적 일탈' 등을 언급하고 있다. 또한 안영미(2018)는 북한이탈주민 여성의 지역사회 정착의 어려움으로, '언어의 한계', '북한 출신이라는 낙인감', '공식적인 합의를 통한 책임감보다는 어려운 형편이 우선시되는 전략화된 삶의 수행성' 등을 언급하고 있다. 이러한 측면에서 정책적이고, 제도적 차원의 북한이탈주민 지원 정책이 한국 지역사회내 주민 개인의 삶 안으로 유기적으로 잘 흘러 들어가고, 그 속에서 이들의 삶의 질이 좀 더 안정적으로 보장되기 위해서는 이들의 지역사회 적응을 돕는 섬세한 정책 서비스도 필요하지만, 이들이 지역사회 주민으로서 어떠한 상호작용을 하는가도 중요한 문제라는 것을 알 수 있다.

이렇게 보면, 북한이주민의 지역사회 정착과 적응을 돕는 우리 사회의 접근은, 이를테면 "지역 내는 북한이탈주민들에 대한 지자체의 관심, 지역 복지프로그램과 밀접한 연관을 통한 정착지원, 지역적응 센터의 역할의 중요성, 북한이탈주민 기초생활수급자의 지속적인 관리 지원, 북한이탈주민들의 자립·자활을 위한 사업 관심, 북한이탈주민 자녀들의 교육에 대한 관심(강광민, 2016)"등의 정책적 차원에서 강조되고 있다. 특히, 생계 문제로 인해 심각한 위기를 경험하고 있는 북한이탈주민 취약계층, 이를테면 한 부모가족, 1인 가구 등에 초점이 맞추어져 복지 사각지대 발굴시스템 재점검, 북한이탈주민 기초생활보장 확대, 고위험군 관리시스템 도입, 신고의무자 제도 보완 등(최병근, 2019)의 측면에서 접근되고 있다.

하지만 북한이주민들은 지역사회 내에 정착할 때 이들은 지역이라는 시공간 안에서 지역주민들과 직접적인 상호작용을 통해 자발적이고 적극적인 시민으로서 참여를 하게 된다(홍용표 외, 2021). 그래서 차미숙 외(2012)는 "북한이탈주민이 지역 공동체에 공동의 비전과 소속감을 가지면서, 서로 다른 배경과 환경을 가진 사람들 사이의 차이를 인정하고, 모두에게 공평한 기회 제공을 통해 이웃, 학교, 직장 등과의 관계에서 긍정적 시각과 태도를 갖게 될 때, 진정한 지역사회 통합"이 이루어진다고 하였다. 또한 송철중 외(2020)는 "북한이주민의 실질적인 지역사회 정착은 남한 주민과의 상호작용과 소통 공간인 지역사회 주거지 결정에서 시작되며, 이들과 남한 주민 간 서로의 차이에 대한 인정과 차별을 해소해 나가는 것이 지역사회 통합의 핵심"이라고 하였다. 이로 인해 송철중 외(2020)는 "지역사회에서 생활하는 북한이탈주민의 삶이 얼마나 안정적인가? 북한이탈주민은 동등한 삶을 보장받는가? 북한이탈주민은 지역사회에 얼마나 잘 소속되어 있는가? 지역사회에서 북한이탈주민의 삶은 지속 가능한가?"란 4가지 측면에서, 이들의 지역사회 통합 지표를 안정성, 형평성, 응집성, 지속가능성(송철종 외, 2020)의 측면에서 제시하고 있다. 먼저 안정성은 사회안전, 주거환경, 건강지표에서 검토되고 있으며, 사회안전은 주로 폭력 및 범죄 피해 경험과 교통사고 사망률이, 주거환경은 자가 점유비율, 주거환경만족도가, 건강지표의 경우, 신체적 건강지표와 정신적 건강지표(차미숙 외, 2012)가 포함되고 있다. 형평성은 필수서비스 접근성과 경제사회적 기회 두 가지 측면이 제시되고 있으며, 이 중 접근성은 의료서비스를 받지 못한 경험, 금융이해력, 사회보장에 대한 인식 수준, 학제별 중등교육 학업 중단율을, 경제사회적 기회는 경제활동 상태, 직업훈련 수료 여부, 고등교육 학위 취득률을 포함하고 있다(차미숙 외, 2012).

응집성의 경우, 소속감과 만족감이 포함되고 있으며, 이 중 소속감은 남한사회 부적응으로 인한 재입북 의사, 이주 생각, 주민등록 실거주자 비율, 차별 경험, 사회적 지지체계 등이 포함되고 있다. 그리고 만족감은 생활여건 만족도와 자살 생각을 지표로 상정하고 있다. 지속가능성은 참여와 제도기반이 포함되는데, 먼저 참여는 사회단체 참여율과 지방선거 투표일을 지표화하고 있으며, 제도기반 지표로는 북한이탈주민 지원 조례 제정, 북한이탈주민 지원 예산, 노령화지수, 순인구이동, 재정자립도(차미숙 외, 2012)를 제안하고 있다. 위 지역사회 통합 지표들은 북한이탈주민들이 우리 사회 구성원으로서 그들이 살아가는 지역이라는 시공간 안에서 얼마나 적극적으로 상호작용하며 교류하였는가를 나타내주는 결과물이라고 할 수 있다. 이러한 측면에서 위 지역사회 통합 지표는 북한 이탈주민의 남한사회에서의 지역사회 적응 정도를 파악할 수 있는 바로미터가 된다고 할 수 있다.

하지만 북한이주민이 자신들을 남한사회에 적응했다고 느끼는 것은 문화적, 규범적 가치 차원에서 느끼는 적응감이 중요하다는 점에서, 김수경 외(2019)는 이들의 지역사회통합을 학부모의 가치 적응이라는 측면에서 분석하고 있으며, 남북하나재단(2018)에서는 가치 갈등이라는 측면에서 분석하고 있다. 먼저 김수경 외(2019)의 연구에서는 공공 임대아파트가 주로 사회적 약자 혹은 경제적 도움이 필요한 계층들에게 우선적으로 공급된다는 점에서, 공공 임대아파트에 집단으로 거주하는 북한이탈주민들은 한국사회의 사회적 약자, 저소득층이라는 계층적 정체성을 유지할 수밖에 없다고 하였다. 더욱이 위 연구에서 한국사회는 '입시지옥'이라고 불릴 만큼 학생 간 경쟁이 치열하고, 이 치열한 경쟁에서 사교육 열풍에 학생과 학부모 모두가 뛰어들 수밖에 없는 교육 신자유주의의 높은 파고를 온몸으로 경험한다는 것을 보고하고 있다. 또한 사교육 열풍 안에서 무너진 공교육에 좀 더 많이 의존할 수밖에 없는 북한이탈주민의 자녀와 부모들은 한국사회의 치열한 교육 경쟁에서 밀려난 주변적 존재로, 사회적 불평등을 경험할 수밖에 없다고 언급하고 있다. 특히 임대아파트는 저소득층이 사는 거주 공간이라는 사회적 인식으로 인해, 북한이탈주민이 집단으로 살아가는 임대아파트는 일반 주민 아파트와 동선으로 구획되거나 장벽으로 구획되는 사회적 배제를 경험할 수밖에 없다는 것이다(김수경 외, 2019).

더욱이 남북하나재단(2019)의 연구에서는 북한이탈주민의 한국 사회 적응 과정에서 일상적으로 경험하게 되는 가치의 갈등을 정착지원 공간, 직장 공간, 학교 공간, 주거 공간, 가정 공간에서 제시하고 있다. 정착지원 공간에서 북한이탈주민들은 행사 기념품 분배나 공간 분배 등 일상에서 이루어지는 다양한 불이익과 부당 상황에서 직설적이고 공격적인 대응으로 갈등이 확대된다고 하며, 규정과 제도에 의해 작동되는 남한사회의 시스템에 대한 이해 부족에서 오는 섭섭함과 갈등의 원인이 상대적 박탈감을 발생하게 하면서 갈등을 경험(남북하나재단, 2019)하게 한다고 하였다. 직장 공간에서의 갈등은 회사의 규정과 규율에 대한 이해 부족과 피해의식이 결부되어 회사 내 승진이나 임금인상 등의 대상에서 제외되는 것이 갈등으로 나타난다고 하였다. 또한 회사가 북한이탈주민 역량에 대한 진지한 고려나 평가 없이 일방적 선입견을 근거로 업무 영역을 제한할 때, 회사에서 부당한 대우를 당할 때 직장 공간에서 갈등을 경험(남북하나재단, 2019)하는 것으로 보고하고 있다. 주거 공간에서의 갈등 경험은 북한이탈주민 다수가 공동임대 또는 국민임대아파트에서 소음 등으로 인한 갈등, 지원 대상자라는 인식이 강한 북한이탈주민이 외제 차나 백화점 쇼핑을 하는 모습에 대한 불편감 등으로(남북하나재단, 2019) 나타나고 있다. 또한 학교 공간에서의 갈등은 대학교에서 북한 이탈 학생에 대한 편견과 배제의 경험, 탈북 학생과 다문화 학생을 대상으로 제공되는 특별 서류를 목격한 또래 집단으로부터 북한이탈주민 자녀가 심리 · 정서적 피해를 입을 수 있다는 우려로 인한 항의 표출, 다문화 대안학교로 자녀의 전학을 제안하는 해당 학교에 대한 분노 등으로(남북하나재단, 2019) 표출되고 있다. 마지막으로 가정 공간의 경우, 홀로 살아가는 북한이탈여성을 악용하는 남한 출신 남성에 의한 피해와 갈등, 남한 출신 가족들의 부정적 인식으로 인한 갈등, 자녀 부모 간 세대 및 문화 차이, 가족해체 경험, 복잡한 혈연관계 등으로 인한 가족 이해 부족과 갈등 등을(남북하나재단, 2019) 경험한다고 보고하고 있다.

결국 북한이주민들은 남한의 상이한 사회환경 시스템, 사회문화적 규범과 가치를 한국의 지역사회 정착 과정에서 적응해야 하는 관계로, 이러한 남한사회의 사회환경 시스템, 사회문화적 규범과 가치는 그들이 북한에서 학습하고 체화한 정치사회적 이념이나 가치, 생활규범 등과는 상당한 간극이 존재할 수밖에 없다. 이로 인해 서로 다른 두 사회 속에서 살아온 이들이 이 간극 속에서 경험하게 되는 괴리와 혼란은 클 수밖에 없다고 할 수 있다. 더욱이 이들은 학력과 학벌을 중시하는 학벌지상주의, 학력, 지역, 혈연적 배경을 중시하는 연고주의, 무한경쟁과 성과를 강조하는 능력주의 등을 중시하는 남한사회에서 또 다른 이주민으로 사회적 배제와 차별을 경험할 수밖에 없다.

이러한 측면에서 남한사회에서 북한이주민으로 살아가는 자신의 정체성을 '조난자'로 의미 부여하고 있는 주승현(2018) 작가의 언표는 상당히 유의미해 보인다. 그는 북한이주민을 남과 북이라는 두 사회에서 표류하면서, 그 두 사회 어디에도 속하지 못하는 조난자(주승현, 2018)로 표현하였다. 그 속에서 이들은 북한 사람들에게는 조국과 가족을 버리고 한국행을 택한 배신자라는 오명에서, 한국 사람들에게는 북한을 탈출한 이방인의 위치에서 경쟁 사회의 이방인으로 그리고 남과 북이라는 분단된 사회 내에서 표류하는 이방인으로 존재할 수밖에 없다고 하였다.

주승현(2018)은 특히 "북한이주민의 경제적 빈곤이나 정착 관련 제도의 문제보다 더 심각한 것을 한국사회의 편견과 배제로 꼽고 있다. 그는 이러한 한국사회의 편견과 배제의 특징을 크게 3가지로 제시하고 있는데, 첫째는 남한 사람들의 반공·반북 의식의 오래된 관습이 북한 정부뿐만 아니라, 탈북민에게도 그대로 투영된다는 것을 들고 있다. 두 번째는 남한 사람들의 체제 경쟁에서 승리했다는 우월의식이 북한이주민에게는 자신들이 그동안 살아온 삶 자체를 온전히 부정하는 것으로부터 생존과 생계의 기회가 주어진다는 것을 지적하고 있다. 세 번째는 한국의 무한경쟁사회가 초래한 소외와 배제로서, 북한이주민을 포용의 대상으로 바라보는 것이 아니라 경쟁의 대상으로 바라본다(주승현, 2018)"라는 것이다. 그래서 그는 다음과 같은 자조 섞인 질문을 통해 한국사회가 북한이주민을 포용하고 통합하기 위한 사회적 노력을 다시 생각해야하는 화두를 던지고 있다.

"저쪽에서 살았던 시간과 이곳에 와서 살아남고자 버둥거렸던 노력이 다시 합쳐지면 언젠가 저곳에 닿을 수 있지 않을까?"
여전히 분단선에 선 채 혼잣말처럼 중얼거렸지만, 진정한 자유에 대한 갈망만큼은 그 어느 때보다 절실했다(주승현, 2018).

그렇다면 우리 사회가 북한이주민을 진정으로 포용하고 통합하기 위해서 필요한 것은 무엇일까? 윤인진·채정민(2010)은 북한이탈주민의 안정적 정착의 전제 조건으로 남한 주민과 북한이주민 간 긍정적인 상호 이해를 위한 인식과 협력관계 조성이 중요한 과제라고 하였다. 이러한 측면에서 북한이주민에 대한 남한 주민의 우호적 이해의 형성이 상호 이해와 협력을 위한 첫 출발점이라고 할 것이다. 그리고 남한 주민의 북한이주민에 대한 긍정적 이해의 출발은 이들의 사회문화적 특성을 좀 더 주의 깊게 이해하는 일일 것이다.

3. 북한이주민들은 어떤 사회문화적 특성이 있는가?

한성렬 · 채정민(2004)의 연구에서는 남북한 이념체계, 규범적 가치의식, 근대화와 전통, 선호되는 가치 순위 등에서 어떤 이질성을 드러내고 있는가를 기존 선행연구 결과(조한범, 1997)를 토대로 제시하고 있다. 이 연구에서 이념체계에서 남한은 자유민주주의에 의한 시장경제적 가치관과 개인주의를 토대로 하며, 북한은 주체사상에 의한 사회주의적 가치관과 집단주의를 기반으로 한다고 언급하고 있다. 또한 규범적 가치 의식에서 남한은 개인의 권리와 개인주의적 도덕관, 합리적 사고를 중시하며, 북한은 집단의 이익과 집단주의적 도덕관, 혁명적 사고를 중시한다고 보고하였다. 근대화와 전통에 있어서는 남한사회가 근대화 지향적이라면, 북한은 전통 지향적인 것으로 양국의 차이를 제시하였다. 게다가 선호되는 가치 순위에 있어서도 남한은 행복한 가족관계, 편리한 삶, 자유, 타인의 인정, 국가의 인정 순인 반면, 북한은 국가의 발전, 평등, 편안한 삶, 행복한 가족관계, 자유 순으로 가치 지향에 있어서도 상당한 차이(한성렬 · 채정민, 2004)를 나타내고 있다는 것을 언급하고 있다. 그뿐만 아니라 위 연구에서는 남한사회와 북한사회의 동질성에 대해서도 분석하고 있는데, 그것은 사회적 가치의식과 민족의식의 측면에서 비교되고 있다. 먼저 남한사회는 사회적 가치의식에 있어 집단주의가 강하게 온존하고 있고, 유교적 가치관의 전승, 가족적이고 온정적 특성을 가지고 있다고 언급되고 있으며, 북한사회는 집단주의 가치관 속에서 유교적 가치관이 잔존하고 있으며, 가족적, 연대적 특성을 가지고 있다고 보고되고 있다. 이와 더불어 민족의식에 있어서는 남한과 북한 모두 강한 민족의식을 가지고 있는 것(한성렬·채정민, 2004)으로 보고하였다. 이를 표로 제시하면 아래 〈표 5〉와 같다.

〈표 5〉 남북한의 이질성과 동질성

		남한	북한
이질성	이념 체계	자유 민주주의 / 시장경제적 가치관 개인주의	주체사상 / 사회주의적 가치관 집단주의
	규범적 가치의식	개인의 권리 중심 개인주의적 도덕관 합리적 사고 중시	집단의 이익 중심 집단주의적 도덕관 혁명적 사고 중시
	근대화와 전통	근대화 지향적	전통 지향적
	선호되는 가치 순위	1. 행복한 가족관계 2. 편리한 삶 3. 자유 4. 타인의 인정 5. 국가의 안정 등	1. 국가의 발전 2. 평등 3. 편안한 삶 4. 행복한 가족관계 5. 자유 등
동질성	사회적 가치의식	집단주의가 강하게 온존 유교적 가치관의 전승 가족적, 온정적	집단주의 가치관 유교적 가치관의 잔존 가족적, 연대적
	민족의식	강한 민족의식	강한 민족의식

출처: 한성렬·채정민, 2004, 「북한이탈주민의 한국사회 적응과정에서 나타나는 행동성향 분석」, 고려대학교 행동과학연구소, pp.23-24.

위와 같은 시각에서 보면, 남한 주민과 북한이주민들은 평행선을 달리는 두 이념 체제 사이에서 서로 다른 규범적 가치의식, 근대화와 전통을 형성해왔으며, 이것은 선호되는 가치에 있어서도 상당한 차이를 보이는 이질성이 존재한다. 물론 집단주의라고 하는 사회적 가치와 강한 민족의식이라는 동질성을 보이기는 하지만, 70년이 넘는 분단의 시간 동안 남한과 북한 주민들은 반목하는 정치적, 사회경제적 두 체제 속에서 접점을 찾기 쉽지 않은 삶을 학습하고 내면화시켜 왔다고 할 수 있다.

그렇다면 극명한 차이를 가진 두 체제를 함께 살고 있다고 할 수 있는 북한이주민의 사회문화적 특성을 이해한다는 것은 이들이 어떠한 접촉의 지대에서 그리고 그 지대 내 어떠한 문화적 변용 속에서 한국사회에서 자신들의 사회문화적 특성을 드러내는가를 살펴보는 것이 중요하다고 할 수 있다. 접촉지대란 서로 다른 역사와 문화적 배경을 지닌 상이한 주체들이 만남을 통해서 포섭, 충돌과 소통, 갈등과 공존의 역동성이 교차하고, 자기와 타인 간 정체성이 생성되는 사회적 시공간(남북하나재단, 2019)이라고 할 수 있다. 그리고 문화변용이란 "서로 다른 인종문화적 집단의 사람들이 장기간 접촉을 하여 발생하는 모든 변화의 과정(윤인진 · 채정민, 2010)"이라고 할 수 있다. 윤인진 · 채정민(2010)은 Berry(1997)의 문화변용 3단계를 소개하고 있는데, 첫 단계는 문화 접촉의 단계로, 서로 다른 두 개의 문화가 만나는 초기 단계를 의미하며, 두 번째 단계는 갈등 단계로 주류사회가 이민자들에게 변화의 압력을 가하는 단계로, 이민자들은 두 개의 문화적 정체성 사이에서 한쪽을 선택해야 하는 정체성 혼란을 경험한다고 보고하였다. 그리고 세 번째 단계는 문화변용의 특정한 전략을 활용하여 정체성 혼란을 극복하는 단계(윤인진 · 채정민, 2010)라고 언급하고 있다.

결국 북한이주민들은 남한사회와 주민이라는 새로운 접촉지대에서 포섭과 충돌, 갈등과 혼란, 소통과 공존의 역동 과정 안에서 자신들만의 정체성을 형성해간다고 할 수 있다. 윤인진(2012)은 Berry(1987)가 이주민의 '주류사회에의 참여 정도'와 '전통문화의 유지 정도'에 따라 문화변용을 통합, 동화, 고립, 주변화 네 가지 유형으로 구분한 것을 기본 틀로 하면서, 북한이주민의 특성을 고려해서 문화변용의 두 차원을 '북한 문화와 정체성의 유지'와 '남한 문화와 정체성의 수용'으로 정하고 두 차원의 결합에 따라 통합, 동화, 고립, 주변화의 네 가지 유형으로 구분하여 제시한 바 있다. 따라서 북한이주민들은 북한 체제의 국민으로서 자신들이 형성해온 사회문화적 정체성을 바탕으로 남한사회로의 진입을 통해 새롭게 그들만의 정체성을 수용하고 형성해간다고 할 수 있다. 이러한 측면에서 이들의 심리적 문화 적응 특성과 사회적 문화 적응 특성을 살펴보는 일은 중요할 것이다.

1) 북한이주민의 심리적 문화 적응 특성

채정민(2003)은 북한이주민의 남한사회의 문화 적응을 '지각된 동화압력'이란 개념으로 제안하면서, 남한 문화에 적응한다는 것은 북한이탈주민의 입장에서 자신들에게 익숙했던 북한의 문화적 속성을 버리고, 남한 문화에 적합한 지식과 문화적 속성을 받아들이는 것(채정민, 2003)이며, 남한 사람들의 사고방식과 생활방식에 최대한 자신들을 동화시켜 나가기 위해 받을 수밖에 없는 압력(채정민, 2003)이라고 하였다. 이러한 지각된 동화압력은 북한이주민 스스로 한국사회에 신속하게 적응해야 한다는 심리적 압력으로 작동될 수 있고 혹은 그들을 지원해주는 후원자나 정부관계자에게 의식적, 무의식적으로 경험될 수 있는 것이라고 할 수 있다. 이러한 측면에서 북한이주민들은 이질적 문화를 가진 남한사회에서의 적응이 더 큰 심리적 스트레스와 부정적 정신건강의 문제로 다가올 수 있다.

그렇다면 북한이주민들은 남한사회 적응에 있어 어떠한 심리적 문화 적응의 문제를 경험하고 있을까? 먼저 이들은 말투나 억양의 차이 등으로 인해 남한 국민과 문화적으로 격리되는 느낌을 받으며, 특히 어휘의 차이나 문맥적 의미 파악이 어려워 의사소통에 장애가 발생되고 있다(박영정, 2010)고 보고되고 있다. 더욱이 북한이주민들의 '이북 말씨'로 인해 웃음거리가 되거나 혹은 남한 사람들의 빈번한 외래어 사용과 한자의 상용화 등에서 오는 언어적 이질성이 이들에게 상당한 심리적 부적응의 문제로 작동되고 있다(이장호 외, 1998). 이뿐만 아니라 이들은 일상적 생활방식에 있어서도 상당한 이질감을 경험하였는데, 이를테면 음식문화에서 상당한 차이를 경험하면서 남한 음식이 자신들의 입에 맞지 않아 어려움을 겪는다고 보고하거나, 남한 사람들에 대한 인사법 등과 같은 초보적 예절에 있어서도 차이(박영정, 2011)를 느끼면서 심리적 부적응을 경험하는 것으로 언급되고 있다. 또한 윤인진·채정민(2010)의 연구에서는 북한이주민들이 고향에 대한 그리움이나 북한에 있는 가족 걱정과 죄책감과 같은 심리적 어려움을 겪는다는 것을 보고하였다.

하지만 이들은 위와 같은 부적응적 문제만을 경험하는 것은 아니다. 오히려 이들은 남한사회에 적응하기 위한 적극적 전략을 구사하기도 하는데, 북한이탈주민은 남한 사람들의 옷, 헤어스타일, 언어 등을 모방함으로써 남한 사람들과 외형적인 동일화를 추구(최정화, 2016)하는 적극적 모습을 보이기도 한다. 또한 이들은 정치적 적국에 해당되는 북한으로부터 남한사회로 이주해왔다는 점에서 자신들이 과거에 가졌던 정치적 정체성을 부정해야 한다는 강한 생각들을 드러내게 된다. 이 속에서 이들은 북한의 정치 고위층을 적극적으로 비난하고, 대북 강경을 부르짖는 단체에 적극 가담(한성렬·채정민, 2003)하여 활동하기도 한다. 더욱이 이들은 남한사회에 퍼져 있는 탈북민에 대한 부정적 시선을 일정 정도 받아들이면서 스스로를 그러한 부정적인 인식으로부터 분리시키기 위해 북한 출신 이주민들과 거리를 두거나 혹은 자신의 출신지를 숨기거나 거짓으로 대답(최정화, 2016)하는 이중적 전략을 구사하기도 하였다.

따라서 북한이주민들의 심리적 문화 적응은 낯설고 이질적인 남한사회에 대한 빠르게 적응해야 한다는 지각된 동화압력으로 인해 어려움을 겪게 되는 부적응적 경험이지만, 동시에 이들은 남한사회의 일원으로서 생존하기 위해 자신들의 정체성에 지대한 영향을 미쳤을 그동안의 정치적 이념과 가치에 대한 적극적 부정이자, 출신 국가와 지역에 대한 적극적 거리 두기 형태로 나타나기도 하였다. 하지만 이들의 한국사회 내 심리적 차원의 문화 적응 노력에도 불구하고, 『2021년 북한이탈주민 사회통합조사』에 따르면, 북한이주민들의 스트레스 정도는 '전반적인 일상생활' 57.9%, '직장생활' 57.8%, '학교생활' 51.0% 순으로 나타났다. 그리고 이것은 일반 국민 대비 '전반적인 일상생활'에서 7.4%, '학교생활'에서 15.8% 높게 나타나고 있다. 또한 '자살충동' 경험을 조사한 결과, '자살충동 경험이 있다'라고 응답한 북한이주민이 13.3%로 나타나고 있다. 이 수치는 일반 국민 '있음' 5.2%와 비교할 때, 8.1% 높은 수치(남북하나재단, 2021)라고 할 수 있다.

요약해보면 북한이주민들은 남한의 사회경제적 체제와 문화를 우호적으로 인식하고, 남한 사람에 편입하기 위한 인정욕구가 크다는 것을 알 수 있다. 하지만 이 과정에서 이들은 남한사회의 이질적이고 낯선 사회경제 체제와 문화에 적응해가며 일상적 삶을 영위해나가는 것이 쉽지 않은 문제이며, 이 과정에서 이들은 상당한 부정적 정신건강의 문제와 연결되고 있다는 것을 알 수 있다.

2) 북한이주민의 사회적 문화 적응 특성

앞에서 살펴본 바와 같이 윤인진(2012)은 북한이주민의 문화변용 유형을 통합, 동화, 고립, 주변화로 구분하였고, 사회적응의 유형을 극복형, 발전형, 좌절형, 과소성취형(윤인진 2012)으로 구분하여 제시하였다. 먼저 통합형은 북한 문화와 정체성을 유지하면서 남한 문화와 정체성을 수용하는 유형을 말한다. 그리고 동화형은 북한 문화와 정체성은 유지하지 않으면서 남한 문화와 정체성을 수용하는 유형을 말한다. 고립형의 경우, 북한 문화와 정체성은 유지하되 남한 문화와 정체성은 수용하지 않는 유형을 의미하며, 주변화 유형은 북한 문화와 정체성도 유지하지 않고 남한 문화와 정체성도 수용하지 않는 유형(윤인진·채정민, 2010)을 의미한다. 윤인진(2012) 연구에서는 그와 채정민(2010)이 북한이주민 1,200명을 대상으로 수행한 양적 조사 연구결과를 소개하고 있는데, 여기서 북한이주민의 문화변용 유형은 동화형 65.6%, 통합형 33.3%, 주변화형 0.9%, 고립형 0.2%인 것으로 제시하였다. 또한 북한이주민의 사회적응 유형은 극복형 71.4%, 발전형 20.7%, 좌절형 6.4%, 과소성취형 1.5%으로 나타나고 있다는 것을 보고하고 있다. 윤인진(2012)은 위 윤인진·채정민(2010)의 연구 결과를 기반으로 북한이주민의 문화변용과 사회문화 적응의 상관관계를 분석하였는데, 이를 통해 그는 북한이주민의 문화변용 유형과 사회적응 유형의 상관관계는 유의미하지 않지만, 북한이주민 다수는 동화형과 통합형의 문화변용을 취하였으며, 남한에서 문화변용이 동화형으로 나왔든 통합형으로 나왔든 간에 응답에 참여한 모든 북한이주민들은 사회적응 방식에 있어 극복형을 취하였다(윤인진, 2012)고 보고하고 있다. 이것은 고립형과 주변화형의 문화변용을 취한 이들조차도 남한에서 적극적으로 정착하려는 대응 자세를 보였다(윤인진, 2012)는 결과이다. 이러한 측면에서 북한이주민들은 그들이 어떤 문화변용의 관점을 취하건 간에, 남한사회에 적응하기 위해 적극적으로 노력하고 있다는 것을 알 수 있다.

북한이주민들이 남한사회에 적응한다는 것은 "현재 남한사회에 정착한 북한이주민이 자신이 소속된 환경에서 능동적인 사회적 기능을 발휘하며, 남한사회에서 소속감을 느끼고, 이를 통해 자신의 심리적인 욕구와 삶의 만족도를 충족함으로써 남한사회의 체계에 맞춰 변화해가는 과정(조춘범·한기주, 2017)"이라고 할 수 있다. 이러한 측면에서 북한이주민들은 남한사회의 법·제도에 적응하거나 남한사회에 소속감을 느끼는 사회문화 적응에서는 큰 어려움이 없으나, 경제적 적응에 있어서는 어려움을 겪는 것(윤인진, 2012)으로 보고되고 있다. 유사한 맥락에서 조춘범·한기주(2017)의 연구 결과에서도 북한이주민의 남한 생활에서 부적응 문제에 있어 '취업에 대한 어려움'이 33.7%로 가장 높게 나타나고 있으며, 취업 분야의 구체적 부적응의 문제는 '구직활동에서의 어려움'이 32.5%, '급여, 복리후생' 28.4%로 나타나고 있다. 또한 『2021년 북한이탈주민 정착실태조사』에 따르면 북한이주민들의 직업 유형은 '단순노무종사자' 26.8%, '서비스종사자' 17.8%, '전문가 및 관련 종사자'는 10.1% 순으로 나타나고 있다. 이것은 일반 국민과 대비하여 '단순노무종사자' 12.0%, '서비스종사자'는 6.5% 더 높게 나타나고 있으며, '전문가 및 관련 종사자' 10.1% 낮게 나타나고 있다. 더욱이 재직 사업체 유형에 있어서도 '제조업' 20.0%, '숙박 및 음식업' 12.5%, '보건업 및 사회복지 서비스업' 12.2%로 나타나고 있으며, 이것은 일반 국민과 비교할 때 '제조업' 4.0%, '숙박 및 음식업' 4.7%, '보건업 및 사회복지 서비스업' 2.9% 더 높은 것으로 나타나고 있다. 임금 근로자의 근속기간의 경우, '3년 이상'이 30.6%로 가장 높은 비중을 차지하였으며, '4개월 미만' 23.3%, '1~2년 미만' 17.2% 순으로, 평균 근속기간은 31.3개월로 나타나고 있다. 이 수치는 일반 국민 대비 평균 근속기간과 비교할 때 39.7개월 낮은 것으로 나타나고 있다. 이러한 측면에서 북한이주민들이 남한사회 적응에 있어 겪게 되는 가장 큰 어려움 중 하나는 취업 및 직업 활동과 같은 경제활동과 관련되어 있다는 것을 알 수 있다(남북하나재단, 2021).

한편 『2021년 북한이탈주민 정착실태조사』에 의하면, "북한이주민들의 사회단체 활동은 '없다'가 81.6%이며, '있다'는 18.4%로 나타나고 있다. 이 조사 결과는 남한사회에 정착한 북한이주민의 대다수는 사회단체 활동에 참여하고 있지 않으며, 사회단체 활동에 참여하는 이들의 42.8%는 '종교 단체', 41.0%는 '시민사회단체' 활동을 하는 것으로 나타나고 있다. 또한 운영단체 가입 여부에 대해서는 '가입되어 있지 않다'가 86.6%로 나타나고 있으며, 13.6%만이 '가입되어 있다'로 응답하였다. 그리고 북한이탈주민 운영단체에 가입되어 활동하는 것으로 응답한 북한이주민의 45.6%는 '적극 참여'한다고 응답하였으며, '소극 참여'는 40.0%로 응답하였다. 더욱이 봉사활동 참여에 대해서도 '자원봉사 활동 경험 없음'이 83.5%로 나타나고 있으며, 14.5%만이 '자원봉사 활동 경험 있음'으로 나타나고 있다. 그리고 봉사활동에 참여한 이들은 '아동·청소년·노인·장애인·재소자 등과 관련' 78.6%로 가장 높은 비율을 차지하였고, '환경 보전·범죄 예방 등과 관련'은 20.2%(남북하나재단, 2021)"로 나타나고 있다.

이와 더불어 북한이주민들은 남한사회에 살면서 '차별/무시당한 경험이 있다' 16.1%로 나타나고 있으며, 자신들이 차별/무시당한 이유는 '문화적 소통방식이 다르다는 점에서' 77.7%, '북한이탈주민의 존재에 대한 부정적 인식' 45.5%, '전문적 기술과 기술 등에 있어 남한 사람에 비해 능력이 부족' 20.1%(남북하나재단, 2021)

순으로 나타나고 있다. 이러한 측면에서 북한이주민들의 사회문화 적응에 있어, 이들은 적극적인 사회단체 활동 참여, 북한이주민단체 가입 및 활동, 자원봉사활동 등의 사회적 노력은 다소 소극적으로 나타나고 있다는 것을 알 수 있다. 요약해보면 북한이주민들은 한국사회에 적응하기 위해 직업적 경제활동에 있어서 어려움을 겪고 있으며, 남한사회 내 소속감을 제고하면서 북한이주민의 남한사회에서의 적응과 사회적 교류, 권익 등을 추구할 수 있는 사회단체 활동 참여는 낮다는 것을 알 수 있다.

4. 북한이주민들에게 사회복지란 무엇인가?

우리나라 「사회복지사업법」 제2조에 따르면, 사회복지사업이
란"다음 각 목의 법률1에 따른 보호 · 선도(善導) 또는 복지에 관한
사업과 사회복지상담, 직업지원, 무료 숙박, 지역사회복지, 의료복
지, 재가복지(在家福祉), 사회복지관 운영, 정신질환자 및 한센병력
자의 사회복귀에 관한 사업 등 각종 복지사업과 이와 관련된 자원
봉사활동 및 복지시설의 운영 또는 지원을 목적으로 하는 사업(법
제처, 2022)"을 말한다. 또한 이 법에서 규정하고 있는 "지역사회복
지"란 주민의 복지증진과 삶의 질 향상을 위하여 지역사회 차원에
서 전개하는 사회복지를 말하는 것으로 규정되고 있으며, "사회복
지서비스"란 국가 · 지방자치단체 및 민간부문의 도움을 필요로
하는 모든 국민에게 「사회보장기본법」 제3조 제4호에 따른 사회
서비스 중 사회복지사업을 통한 서비스를 제공하여 삶의 질이 향
상되도록 제도적으로 지원하는 것을 말한다(법제처, 2022)고 규정하

---

1 여기서 각 목에 해당되는 법률은 가. 「국민기초생활 보장법」, 나. 「아동복지법」, 다. 「노인
복지법」, 라. 「장애인복지법」, 마. 「한부모가족지원법」, 바. 「영유아보육법」, 사. 「성매매방지
및 피해자보호 등에 관한 법률」, 아. 「정신건강증진 및 정신질환자 복지서비스 지원에 관한
법률」, 자. 「성폭력방지 및 피해자보호 등에 관한 법률」, 차. 「입양특례법」, 카. 「일제하 일본
군위안부 피해자에 대한 생활안정지원 및 기념사업 등에 관한 법률」, 타. 「사회복지공동모
금회법」, 파. 「장애인 · 노인 · 임산부 등의 편의증진 보장에 관한 법률」, 하. 「가정폭력방지
및 피해자보호 등에 관한 법률」, 거. 「농어촌주민의 보건복지증진을 위한 특별법」, 너. 「식
품등 기부 활성화에 관한 법률」, 더. 「의료급여법」, 러. 「기초연금법」, 머. 「긴급복지지원법」,
버. 「다문화가족지원법」, 서. 「장애인연금법」, 어. 「장애인활동 지원에 관한 법률」, 저. 「노숙
인 등의 복지 및 자립지원에 관한 법률」, 처. 「보호관찰 등에 관한 법률」, 커. 「장애아동 복
지지원법」, 터. 「발달장애인 권리보장 및 지원에 관한 법률」, 퍼. 「청소년복지 지원법」, 허.
그 밖에 대통령령으로 정하는 법률이 포함된다.

고 있다. 더욱이 사회복지사업을 운영하는 주체는 "사회복지법인"의 경우, 사회복지사업을 할 목적으로 설립된 법인으로 정의되고 있으며, "사회복지시설"은 사회복지사업을 할 목적으로 설치된 시설로, "사회복지관"은 지역사회를 기반으로 일정한 시설과 전문인력을 갖추고 지역주민의 참여와 협력을 통하여 지역사회의 복지문제를 예방하고 해결하기 위하여 종합적인 복지서비스를 제공하는 시설(법제처, 2022)로 규정되고 있다.

이러한 맥락에서 보면 한국의 사회복지의 범위와 내용은 매우 광범위하고, 그것을 운영하는 주체도 중앙정부와 지방정부에서부터 민간 영역의 사업 주체에 이르기까지 매우 다양하다고 할 수 있다. 이로 인해 '북한이주민에게 사회복지란 무엇인가?'를 규정한다는 것은 결코 쉽지 않은 문제라고 할 수 있다. 다만 북한이주민이 남한사회에 정착하는 시공간이 지역사회라는 점을 고려해보면, 이들이 지역사회 주민으로서 삶의 질 향상을 위해 지역을 기반으로 제공받게 되는 사회복지서비스에 초점을 맞추는 것이 더 합리적이라고 할 수 있다. 물론 사회복지는 제도적 측면에서 사회보험, 공공부조, 아동, 청소년, 노인, 장애인, 여성, 다문화인 등 다양한 대상자에게 제공되는 사회복지서비스 등이 포함된다. 또한 행정과 실천 서비스 측면에서는 전달체계, 전문인력, 다종·다양한 실천 서비스 등이 존재한다고 할 수 있다. 이러한 측면에서 이 장에서 북한이주민의 사회복지는 지역사회 차원에서 제공되는 사회복지 서비스는 과연 무엇이 있고, 그것은 어떻게 이루어지고 있는가를 살펴보는 것이 더 타당하다고 할 수 있다.

현재 우리나라에 정착하는 북한이주민들은 전국 25개소의 "북한이탈주민 지역적응센터", 즉 "하나센터"를 통해 「북한이탈주민의 보호 및 정착지원에 관한 법률」 제15조에 따라 거주지에 전입한 북한이탈주민의 신속한 지역적응을 위해 거주지 적응교육, 북한이탈주민의 특성을 고려한 심리 및 진로상담, 생활정보 제공, 취업·사회 서비스 안내 등(법제처, 2022)을 돕고 있다. 또한 전문상담사와 신변보호관 등에 의해, 남한사회 정착과 적응, 신변보호 등의 지원을 받고 있다. 그런데 한국사회에 정착한 북한이주민들이 거주하는 주택은 '하나원에서 배정받은 '집' 또는 임대아파트'가 57.9%로 나타나고 있으며, 다음 순위가 '타인이 소유한 집' 20.5%로, 80%에 이르는 북한이주민들은 임대아파트 혹은 타인이 소유한 주택의 전월세 임차인으로 살아가고 있다는 것(통일부·남북하나재단, 2021)을 짐작해볼 수 있다. 우리 사회의, 임대아파트 단지가 있는 지역의 경우 이 임대아파트에 거주하는 주민들을 지원하기 위한 지역사회복지관이 있고, 이러한 지역사회복지관은 북한이주민들의 지역사회 정착과 적응을 지원하는 중요한 사회복지기관이라고 할 수 있다. 특히 지역사회복지관은 기관의 3대 기능사업으로 사례관리, 서비스제공, 지역사회조직화 사업을 중점적으로 하고 있다.

여기서 "사례관리란 복합적인 상황에서 도움을 필요로 하는 주민을 대상으로 전문성을 기반으로 체계적인 욕구 사정과 지역사회 자원 연계를 통해 주민과 그 가족의 사회적 기능을 강화·유지하기 위한 목적으로, 지역 내 복합적인 문제 및 욕구를 보이는 개인 또는 가족, 국민기초생활수급자, 차상위 및 기타 저소득층에 속하는 개인 및 가족이 포함된다(보건복지부, 2022)." 이와 더불어 "다양한 이유로 가족해체나 경제적 기능 상실 등의 위기상황에 놓인 개인 또는 가족을 대상으로 하고 있다. 또한 서비스 제공 기능은 가족기능, 지역사회보호, 교육문화, 자활지원 등의 사업으로 이루어지며, 지역조직화기능은 복지네트워크나 주민조직화, 차원(보건복지부, 2022)"에서 이루어지고 있다.

이러한 측면에서 북한이주민의 경우, 지역사회 정착과 적응 과정에서 다양한 사회적 도움을 필요로 하고, 이들에게 지역사회란 최일선 현장에서 사회복지 서비스를 제공하는 기관과 인력이 지역사회복지관과 그 기관에 소속된 사회복지 종사자라는 점에서 이들에게 사회복지관은 어떤 역할과 기능을 하는 곳인지에 대해 탐색해보는 것은 중요하다고 할 수 있다. 이와 더불어, 우리 사회에 정착한 북한이주민들은 앞에서 살펴본 바와 같이 남성보다 여성의 비율이 현저하게 높다는 점에서, 지역사회 정착과 적응에 있어 여성이 경험하는 사례를 분석해보는 것도 또한 이들이 지역사회 안에서 사회복지를 어떻게 경험하는가를 탐색하는 데 의미 있는 일일 것이다.

‖ 참고문헌

강광민. 2016. 북한이탈주민의 지역정착 방안. 전남대학교 글로벌디아스포라연구소 국내학술회의, 전남대학교 글로벌디아스포라연구소.

김기창. 2015. 북한이탈주민의 지역사회적응 경험에 관한 연구: 여성을 중심으로. 한국사회복지질적연구, 9(2), 201-225.

김수경 · 김성경 · 윤보영, 2019. 북한이탈주민 가치적응 실태연구: 지역사회통합 중심으로. 통일연구원.

남북하나재단. 2019. 북한이탈주민 인식개선 및 사회통합을 위한 갈등사례 심층연구. 남북하나재단.

남북하나재단. 2021. 2020년 북한이탈주민정착실태조사. 남북하나재단.

남북하나재단. 2021. 북한이탈주민 사회통합조사, 북한이탈주민지원재단.

박영정. 2011. 북한이탈주민의 문화적 적응방안 연구. 한국문화관광연구원.

박현식 · 이옥진. 2017. 북한이탈주민의 헌법상 사회적 기본권 실현을 위한 북한이탈주민의 보호 및 정착지원에 관한 법률 개정논의-정착지원에 대한 욕구조사를 바탕으로. 법학연구, 17(1), 279-299.

보건복지부. 2022. 사회복지관 운영관련 업무처리 안내, 보건복지부.

송철중 · 김성아 · 곽윤경 외 11인. 2020. 지역사회통합 지표 및 지수연구: 북한이탈주민과 외국인주민을 중심으로. 경제 · 인문사회연구회.

안영미. 2018. 구술생애사로 본 '북한출신여성'의 이주와 정착과정의 사회적 네트워크 변화에 관한 연구: 김포지역을 중심으로. 경기복지재단.

윤인진·채정민. 2010. 북한이탈주민과 남한주민의 상호인식: 정체성
과 사회문화적 적응을 중심으로. 남북하나재단.

윤인진. 2012. 북한이주민의 문화변용과 사회적응. 한국학연구, 41,
37-61.

이우영. 2004. 북한이탈주민에 의한, 북한이탈주민의, 북한 이탈주민
을 위한 현대북한연구, 7(2), 167-201.

이장호·김용범·김경웅. 1998. 북한 이탈주민의 사회적응을 위한 문
화적 갈등 해소방안 연구. 한국문화정책개발원.

정병호. 2014. 냉전 정치와 북한 이주민의 침투성 초국가 전략. 현대
북한연구, 17(1), 49-100.

조춘범·한기주. 2017. 북한이탈주민의 인구사회학적 특성에 따른 남
한사회 적응정도의 차이와 남한사회 적응실태: 경기 서부지역
을 중심으로. 11(1), 271-292.

조한범. 1997. 남북한 이질화와 사회문화 교류 협력 남북한 관계의 분
야별 현황과 과제: 쟁점과 대책. 한국정치학회.

주승현. 2018. 조난자. 생각의 힘.

차미숙·임은선·김혜승·윤윤정. 2021. 사회통합을 위한 지역적 대
응과제: 지역사회통합지수 개발 및 활용방안. 국토연구원.

채정민. 2003. 북한이탈주민의 남한 내 심리적 문화적응 기제와 적응
행태. 고려대학교 박사학위논문.

최병근. 2019. 북한이탈주민 등 위기가구 보호·지원 강화를 위한 개
선과제. 국회입법조사처.

최순미. 2021. 북한이탈주민 남성의 남한사회 정착 과정에서 나타나
는 자기/타인표상 연구. 2021 북한이탈주민 정착지원 연구. 남
북하나재단.

최정화. 2016. 북한이탈청년들의 정체성 변화와 적응전략 연구-성찰

적 사진 인터뷰를 중심으로-. 서울대학교 석사학위논문.

통일부·남북하나재단. 2021. 북한이탈주민 지역적응센터 업무 매뉴얼. 남북하나재단.

통일부·남북하나재단. 2021. 북한이탈주민 복지서비스 가이드북. 남북하나재단.

통일부. 2020. 북한이탈주민 정착지원 실무편람. 통일부정착지원과.

통일부. 2021. "「제3차(2021~2023) 북한이탈주민 정착지원 기본계획」 수립" 보도자료. 통일부.

한명진. 2020. 북한이탈주민의 사회통합을 위한 법정책적 고찰-북한이탈주민의 보호 및 정착지원에 관한 법률의 내용을 중심으로. 공법학연구, 21(1), 4-31.

한성렬·채정민. 2004. 북한이탈주민의 한국사회 적응과정에서 나타나는 행동성향 분석. 고려대학교 행동과학연구소.

홍용표·모춘흥·민기채·송철종. 2021. 북한이탈주민 포용을 위한 사회통합 방안. 행정안전부·이북5도위원회.

Deci, E., L., Ryan, R., M. 2002. Handbook of Self-Determination Research. NY: University Rochester Press.

Daily NK, 2008. 통일부 '새터민'이란 용어 가급적 안 쓸 것. https://www.dailynk.com.

KBS 뉴스 보도. 2019. 아사 추정 '탈북민 모자' … 도대체 무슨 일이 있었던 걸까?, https://www.youtube.com.

사회복지사업법. 2022. 법제처 홈페이지, https://www.law.go.kr.

북한이탈주민의 보호 및 정착지원에 관한 법률. 2022. 법제처 홈페이지, https://www.law.go.kr.

전 주 람
(서울시립대학교)

제2장

당사자 사례를 통해 살펴보는 북한이주민과 지역사회복지

○

이 장에서는 생생한 증언이 담긴 북한이주민들의 당사자 사례를 통하여 북한이주민들의 지역사회복지에 관해 보다 자세히 이해하고자 한다. 이를 위해 세 개의 연구사례 중 「탈북싱글맘들의 어머니 경험에 관한 연구」를 시작으로 「북한이탈 중년여성들의 사회복지관 이용경험에 관한 질적사례연구」과 「북한이주남성들의 지역사회복지관 이용경험에 관한 연구」[1]에 관한 내용을 순차적으로 소개하며 북한이주민들의 지역사회복지에 관해 논의해보고자 한다.

---

1 이 장에서 소개한 연구는 모두 게재된 해당 학회의 재수록 동의를 얻어 재구성하였음을 밝힌다. 전주람과 임해영이 공동으로 게재한 「탈북싱글맘들의 어머니 경험에 관한 연구-20대 성인자녀를 중심으로」는 2018년 한국가족사회복지학회 제62권 62호에 게재된 등재학술지로 2022년 4월 재수록 허락을 받았으며, 전주람과 김성미가 게재한 「북한이탈 중년여성들의 사회복지관 이용경험에 관한 질적사례연구」는 2015년 한국사회복지질적연구학회 제9권 3호에 게재된 등재학술지로, 2020년 7월 재수록 요청을 허락받았다. 마지막으로 전주람, 정효숙, 김성미가 게재한 「북한이주남성들의 지역사회복지관 이용경험에 관한 연구」는 2021년 한국문화융합학회 제43권 8호에 게재된 등재학술지로 2022년 3월 재수록 허락을 받았음을 밝힌다.

1. 연구사례 1_탈북싱글맘들의 어머니 경험에 관한 연구

1) 연구개괄

한국사회 전체 탈북자 중 여성이 70% 이상의 압도적으로 많은 수를 차지하고 있다. 통일부(2022)에 따르면 2021년 6월 기준 남한에 거주하고 있는 북한이주민은 총 3만 3천 명 이상이며 그중에서 여성은 약 2만 4천 명으로 전체 비율의 약 72%를 차지하고 있다. 여성들은 남성과 달리 탈북 과정에서부터 남한사회로의 정착에 이르기까지 남성과는 다른 경험을 한다(홍승아, 2013). 예컨대 북한이주여성들은 탈북 과정에서 인신매매, 성매매 및 가정폭력 등 인권 유린 현장에 노출되기 쉽고(이승진, 2006), 일부 여성들은 임신, 출산의 경험으로 육아 문제(장명선, 2010)에 시달리기도 한다. 그렇기 때문에 북한이주여성들은 신체적으로 건강 문제(홍승아, 2012)와 불안, 우울 등 심리적 문제(오유진, 2006)를 겪기도 한다. 따라서 북한이주여성들의 탈북 과정과 입남 후 진입과 적응의 과업에 있어서 남성과는 별도로 탐색할 필요성이 있다.

이러한 사회적 흐름에서 전주람과 임해영(2018)은 기존의 한국사회에서 한 부모 여성이 소수자의 가족형태로 존재하며 사회적 차별과 고정관념을 겪는 것에 더하여 탈북이라는 특수한 사건은 한 부모 북한이주여성들에게 이중고를 겪게 할 수 있다는 점에서 연구의 필요성을 인식하였고, 이에 홀로 자녀를 양육하는 북한이주여성들의 어머니 경험이 어떠한지 일차적으로 주목하였다. 국내에서는 아직 북한이주민 여성들의 가족형태를 고려한 세부적인 탐구는 부족한 실정에 있다.

연구자들은 연구에서 탈북이라는 특수한 과정을 경험하며 홀로 자녀를 키우는 북한이주여성들을 지칭하는 용어로 "탈북싱글맘(North Korean Single Mom Defector)"이라는 용어를 연구에 통일되게 사용하였고, 몇몇 싱글 탈북 여성들을 만나 인터뷰하였다.

〈표 1〉 성인 자녀를 둔 탈북싱글여성들의 일반적 특성

참여자	참여자 1	참여자 2	참여자 3
출생연도/나이	1969년, 50세(여)	1961년, 58세(여)	1973년생, 46세(여)
직업	아르바이트 (식당, 웨딩홀),	전업주부	전업주부, 가끔 아르바이트(식당)
북한 고향	함경북도	함경북도	함경북도
거주지	서울시	서울시	서울시
가족관계	혼자 거주	혼자 거주	딸과 동거
자녀 거주지	북한 거주	남한 거주	남한 거주
자녀 성별/연령	아들 1인(29세)	아들 1인(28세)	딸 1인(22세)
자녀 직업	취업하기 희망하나 무직	회사원	대학생
헤어질 때 자녀 나이	17세	17세	13세
자녀와 만난 나이	–	24세	20세
한 부모 원인	북에서 남편과 이혼	북에서 남편과 이혼	북에서 남편과 이혼
제3국 경유	중국, 약 1년	중국, 약 1년	중국, 약 1년
남한 도착 연도	2004	2004	2006
자녀와의 관계 (경제적, 심리적)	모가 경제적 심리적 돌봄의 주체가 됨 (북에 매달 용돈을 보내주며, 자주 전화함)	아들이 취업자로 모의 전적인 경제적 책임은 없으나, 반찬 등 음식 관련된 일을 모가 도와주는 편임	경제적 주체는 어머니, 딸은 대학 입학 후 학생들 과외를 하며 생활비를 보조해줌

우선, 연구에 참여한 탈북싱글맘들을 소개하고자 한다. 연구자들은 질적사례 연구방법론을 활용하여 전문가에게 연구참여자를 추천받는 세평적 사례선택 표집으로 3명의 여성들을 만났다. 이들의 공통점은 모두 여성으로 인터뷰에 자발적으로 참여 의지가 있는 자들로, 1990년대 중·후반 북한이 경제적으로 극도의 어려움을 겪은 시기에 제시된 구호로 불리는 고난의 행군을 겪은 40~50대 여성이라는 점, 그리고 성인 자녀를 지속적으로 돌보고 있다는 공통점을 지닌다.

① 연구참여자 1

참여 여성은 2004년 입남하였다. 2014년 인터뷰 당시 그녀는 50세였고 서울 소재 임대아파트에 거주하고 있었다. 한국에서 그녀가 할 수 있는 일은 식당일이 전부였다. 한국에 온 후 그녀는 식당과 웨딩홀에서 주로 일했고 10년 동안 쉬지 않고 돈을 벌었다. 북한에 있는 아들에게 돈을 부쳐줘야 했기 때문이다. 과한 노동으로 그녀는 신체적으로 두통, 근육통 등이 잦고 밤에 잠도 잘 못 잤는데, 이는 북한에 있는 아들에 대한 걱정을 놓지 못하기 때문이라고 하였다. 그녀는 10년 동안 아들에게 용돈을 보냈고 이래야만 아들이 쌀밥을 먹을 수 있다고 했다.

한국에서 혼자 살아가면서 고독과 외로움, 소외감을 견디기란 쉽지 않았다. 그래서일까. 오랫동안 만난 남자 친구가 있었는데 헤어지게 되었다. 그녀는 가족을 꿈꾸고 있었다. 자신이 충분히 마음을 터놓고 이야기할 수 있는 친구 같은 사람을 동반자로 만나 여생을 보내고 싶다고 했다. 가고 싶어도 갈 수 없는 나라 북한에 사는 아들과 멀리 떨어져 있어도 그녀의 경제적, 심리적 돌봄은 지속되고 있었다. 아들 때문에 힘들게 돈을 벌지만 또 한편 아들이 그녀가 삶을 이어나갈 원천이 되었다.

② 연구참여자 2

참여자 2는 2014년 인터뷰 당시 58세 여성으로 서울 소재 임대 아파트에 혼자 거주하였다. 참여자는 탈북 당시 자녀들(아들 1, 딸 1)과 함께 입남하였다. 그녀의 아들은 탈북에 성공하였지만 참여자와 딸은 잡혀 북송되었다. 그 둘은 북송된 후, 북한의 서로 다른 지역으로 이동되어 구류장에서 생활하였고, 이후 참여자는 다시 용기를 갖고 탈북을 시도하여 성공했다. 연구자가 인터뷰할 당시에 그녀는 탈북한 지 약 10년이 흐른 시점이었는데, 그때까지도 딸의 생사를 알지 못하고 있었다. 그녀는 아들과 근접 거리에 살면서 자주 왕래하는 편이었다. 그 당시 그녀의 아들은 취업한 상태로 회사원이었고 참여자에게 든든하고 자랑스러운 아들이었다. 아들이 그녀의 의지처가 되기도 했으나 오랜 시간 딸의 생사를 파악할 수 없었으므로 부처상 앞에서 눈물을 흘리는 일 외에는 아무것도 할 수가 없었다. 그렇게 그녀는 고통의 시간을 넘어, 인터뷰 당시 어느 정도 심리적으로 안정을 되찾았다. 참여자는 집 주변을 등산하거나 산책하는 일을 즐겨 했고, TV 요리 프로그램을 보고 김치, 효소 등 음식거리를 만들어 이웃들과 나누는 것을 좋아했다. 그리고 그녀는 무엇보다 자유롭게 이동할 수 있고 자신이 원하는 일을 선택할 수 있는 대한민국이 만족스럽다고 하였다.

③ 연구참여자 3

참여자 3은 2014년 11월 인터뷰 당시 46세 여성이었다. 인터뷰 당시, 그녀는 딸 1인과 서울 소재 한 임대아파트에서 거주 중이었다. 그녀는 식당이나 빵집에서 아르바이트를 하며 생활비를 마련해나갔고, 대학생인 딸이 과외 아르바이트로 생활비를 보태고 있었다. 북한 거주 시, 참여자는 어느 날 구류장에서 퇴소하여 귀가하는 친구를 우연히 골목에서 만났고, 친구를 하룻밤 재워주게 되었다. 그러면서 참여자는 남한사회에 관해 친구로부터 처음 듣게 되고, 친구는 참여자에게 중국에 일주일만 같이 가보자고 제안하였다. 이후 그녀는 눈에 아른거리는 13세 어린 딸을 이모에게 맡긴 채, 면도날 하나를 몸에 품고 죽으면 죽으리라는 각오로 친구와 함께 브로커를 통해 중국으로 이동하였다. 그리고 예상과는 달리 그녀는 일주일 안에 딸의 곁으로 갈 수 없음을 깨닫게 되었다.

이후 그녀는 언젠가 남한 땅에 발을 딛는 날 무슨 방법을 써서라도 딸을 남한으로 데려올 것을 다짐했다. 2006년 드디어 꿈에 그리던 남한 땅에 도착했다. 그러나 참여자는 어린 딸을 두고 왔다는 죄책감과 자책감으로 인해 모든 희망을 놓게 되면서, 어느 날 삶을 포기하고 아파트 고층에서 죽음을 결심하였다. 하지만 발을 내딛기 직전 참여자는 자신의 딸을 떠올렸고 목숨을 끊느니 북한에 있는 딸을 데려와 살아보고자 결심했다. 그리고 머지않아 교회와 주변 인물들에게 이천칠백만 원의 돈을 빌려 딸과 자신의 여동

생, 그리고 여동생의 딸인 조카 세 명을 남한으로 데리고 왔다. 인
터뷰 당시, 참여자는 탈북의 두려운 상황을 견디고 무사히 남한으
로 건너와 준 딸에게 고맙다고 했다. 무엇보다 아침을 딸과 함께
맞이할 수 있고 자신이 옆에서 계속 지켜볼 수 있다는 사실에 감격
하였다. 앞으로 그녀의 소원은 단 한 가지이다. 귀한 딸을 대한민국
사회에서 필요한 인물로 키워내고자 하는 포부를 밝히며, 이것이
유일한 남은 생의 과업이라고 강조하였다.

2) 탈북싱글맘들의 어머니 경험

(1) 낯선 땅에서 더욱 크게 다가오는 자녀의 존재

북한과 다른 언어적, 문화적 환경 가운데 적응의 과업을 지닌 북
한이주여성들은 남한에서 자녀의 존재를 더욱 크게 인식하고 있
다. 한 참여자는 자신의 딸을 "보석 같은 존재", "마음의 끈", "삶의
에너지"라고 비유하며, 자신과 분리될 수 없는 공동체적 자아를 지
닌 존재로 자녀를 인식하고 있었다.

이 세상에 자식 없으면 난 이렇게 힘들게 안 살았을 겁니다. 그러니까 중국에
있을 때도 사실은 정말 아들만 없었으면 그렇게 막 식당일 고생하면서 안 했을
거예요. (참 1)

아무도 없다고 생각하면 좀 이렇게 마음이 허망하겠는데 자식이라는 게 나를
도와주든 안 도와주든 내 옆에 자식이 있다 생각하면 그게 한 삼분의 일 정도는
내 마음을 채워준다 이 정도예요. 어쨌든 귀한 존재. 그러니깐 보석 같은 존재
다 그런 거죠. (참 2)

그래, 내 삶의 원천은 자식이다. 나 이제부터 그렇게 살 거야. 딸이 무사히 남한으로 넘어왔을 때, 제가 하는 얘기가 하늘님 고맙습니다. 땅님 고맙습니다. 다시 한번 살아가게 만들어달라고. 우리 딸하고 꼭 같이. 미래에 나는 내 딸이랑 뭐를 해야지…. 이런 앞엣것들에 대한 내 희망이. 그 자체가 희망이고 또 희망이 또 나에게는 정말 절정에 이른 행복의 끝자락이 아닌가. 나를 지지해주는 에너지가 되는 거죠. (참 3)

(2) 슈퍼우먼과 같은 일상

참여자들의 일상은 마치 전쟁터와 같다. 참여자들은 자식이 결혼할 때까지, 혹은 자녀들이 보다 좋은 의식주 생활을 영위할 수 있도록 하기 위해 고된 일도 마다하지 않았다. 이는 자식을 위해 헌신적인 어머니상을 보여줌과 동시에 자식 돌봄으로 인해 심신이 지쳐가는 이주여성의 일상을 보여준다.

옛날에 우리 북한에서도 자식 하나 키우는 데 오만공수가 든다고 했거든. 오만가지 노력이 다 든다 이거죠. 옛 속담도 있는데… 항상 제일 예쁜 것, 제일 좋은 것, 내가 못 먹어도 항상 이건 남겨놨다가 내 자식 주고 싶죠. (참 2)

난 아들이 있잖아요. 그러니까 아들이 있으니까 더 열심히 살아야죠. 내 노후 준비도 해야 하고 자식을 위해서 뭔가 해야겠구나. 결혼도 내가 보내야 되잖아요. 제가 나약해지면 내 새끼가 굶어 죽으니까요. 한국에 와서 내 지금 14년도까지 북한에 아들 용돈으로 보낸 것만 해도 3천만 원은 돼요. 1년에 3백은 내 보냈어요. 지금 현재까지. 내가 다 적어놨거든요. 수첩에요. (참 1)

어쨌든 내 안에 있는 노력이고, 책임감이고, 응, 그거여야지. 숙제이기도 하고. (참 3)

(3) 버겁기만 한 돌봄의 고단함

북한이주여성들은 자식을 돌보는 과정에서 자신을 낳아준 부모를 탓하기도 하고, 힘든 마음을 자식에게 폭력적으로 쏟아붓기도 하는 등 여러 심리적 갈등을 겪으며 번아웃(burn out) 상태를 경험하였다.

지친 게 뭐냐면요, 경제적으로 어려워서 지쳤다는 게 아니고요. 심적으로 너무 힘들어요. 사는 거 자체가 어렵네요. 음식도 잘 안 먹히고 잠도 잘 안 와요. 스트레스 때문이겠죠. (참 1)

대한민국을 왔는데, 그 고통을 말하자면 끝이 없어요. 어떻게 하면 제발 내 이 다리가 하나 끊어졌으면 좋겠다고 빌었죠! 너무 일하는 게 힘들어가지고. (참 2)

열심히 모아 생일 돈을 줬는데 친구들이랑 한 번에 다 써버리는 거예요. 열이 확 받더라고요. "너 키우는 거 엄마는 동냥하며 키운 거야. 너를 어떻게 키웠는지 알아?" 다그쳤죠. (참 3)

(4) 일상의 감사와 가치 발견

다행스러운 점은 북한이주여성들은 고통스러운 삶의 적응 과정에서 일상의 감사와 가치를 발견하였다. 집 근처에 사는 아들에게 반찬을 만들어주고, 아침에 일어나 자녀가 북한이 아닌 한 지붕 아래 함께 있다는 사실만으로도 감사했다. 힘겨운 나날을 마주할 때마다 북한이주여성들은 북한에서 한국을 간절히 바랐던 그 과거의 마음을 회상하며 건강하게 살아 있음에 감사하고자 노력하였다.

김치요. 아들 집에다 갖다주고 나는 세 포기만 딱 가져오고. 다 이렇게 주고 나면 내 마음이 즐겁잖아요. (참 2)

"엄마, 잘 잤어?", "너는? 너 얼굴 부었어." "우리 난방 안 켜서 그런가보다." 그 대화의 공간이 너무 행복해요. 나는 세상의 모든 엄마들에게 하고 싶은 말이 그거예요. 그냥 내 삶 하나만 산다면 뭐 정말 세상 겁나는 거 없이 별짓을 다 하고 살 수 있지만, 그럼 삶의 어떤 이유가 없잖아요. 간소한 식탁 자리지만 둘이 앉아서 막 재채기하면 "야, 밥상 앞에서 왜 재채기해?" 일상 자체가 너무 행복해요. 마음이 뭐랄까 행복하고 즐거워요. 생명 자체만으로도 너무 크다. 옛말에 그런 말이 있잖아요. 자식 넷에 마지막 하나가 좀 안 좋은 장애를 갖고 태어났을 때도 그 자식이 제일 눈에 밟히고 내가 죽을 때 과연 살아갈 수 있을까. 세상을 다스릴 수 있게 한 것도 사람의 힘인 것 같고. 너무 위대하다. 값진 것이다. 동물이나 사람이나 똑같이 자식을 낳아서 번식하는 과정이 있잖아요. 인간도 그 번식하는 과정이 인간이 되어가는 과정이 아닐까요. (참 3)

(5) 새로운 인생 찾기

참여 여성들은 싱글맘으로 자녀를 돌보면서도 자식과 경계선을 긋는 양가적인 모습을 보였다. 이는 자녀와 분리되고자 하는 욕구이자 자신의 삶을 찾아나가고자 하는 욕구가 아닐까. 자신도 새로운 배우자를 만나 행복한 남은 생을 누리고 싶은 인간 본연의 욕구가 아닐까 싶다.

모질지만 할 수 없어요. 세상은 각자 인생이 따로 있으니까. 부모가 자식 인생 살아줄 수는 없잖아요. 전 그렇게 생각해요. 너무 어야야 할 필요도 없어요. 나도 가족을 만들어야죠. 가족이라는 건 서로 곁에만 있어도 심적으로 의지 되고 경제적이 아니라 마음이 든든하잖아요. 서로 의지하고 기대고 내가 아플 때 말 한마디라도 위로해주는 거죠. 그럼 외로움이 반으로 줄겠죠. (참 1)

우리 아들이 한국에 딱 왔을 땐 엄마가 여기까지 데리고 오는 데는 엄마의 임무는 끝이다. 엄마는 너를 낳아서 이만큼 키워서 이북이라는 사회하고는 다른 한국사회에 데려오는 데 성공했으니 내 임무는 여기까지다. 어쨌든 내 인생은 내 인생이고 자식 인생은 자식 인생이라고 했죠. (참 2)

3) 논의점

본 연구는 성인 자녀를 둔 탈북싱글맘들이 남한사회에서 어머니로 살아가면서 어떠한 삶을 경험하는지에 관한 연구로서 참여자들의 경험을 질적사례 연구방법으로 접근하여 그 경험의 의미를 분석하였다. 이 장에서는 순서대로 결과의 의미를 해석하고 논의해가며 결론을 맺고자 한다.

첫째, 탈북싱글맘들은 혈혈단신으로 남한사회에 적응하면서 자녀를 자신들의 중요한 삶의 원천과 의지처로 인식하며 어머니로 존재해나가는 것으로 나타났다. 참여자 3이 고단한 삶으로 인해 자살을 선택했을 때에도 결국 아들 때문에 자살을 포기했고, 참여자 4가 자신의 딸을 그림작업에서 "태양"이라고 비유하며 어두운 자신의 인생에 빛이 되어준다는 내용은 자녀가 삶의 동력임을 입증하는 대표적인 내용이다. 결국, 참여자들은 자신들에게 주어진 일과 가정의 양립과 관련된 다중 과업과 이로 인하여 발생하게 되는 우울, 불안 등의 부정적인 정서들을 자녀를 통해 회복하고 다시 일상으로 복귀할 수 있는 힘을 제공받고 있었다. 세상의 대부분 부모들에게 자식의 의미는 소중하지만, 친인척의 뿌리 없는 낯선 땅에서의 자녀의 의미는 북한이주여성들에게 더욱 강한 애착의 대상이 되어주었다. 즉, 참여자들에게 자식은 자신에게 큰 힘이 되어

주고(참여자 1), 보석 같은 존재(참여자 2)이자 삶의 희망과 에너지(참여자 3) 그 자체였다. 이러한 측면에서 탈북싱글맘에게 성인 자녀는 자신들이 존재해야 할 이유와 삶의 원동력이 되어주고 있음을 알 수 있다.

최근 성인 자녀를 둔 가족은 부모에게 지속적으로 의존한다는 점에서 양육 부담을 높인다는 것이 사회적 이슈로 논의되고 있다. 이에 성인 자녀를 일컫는 용어로 "캥거루족", "연어족", "헬리콥터 부모"(최여진·이재림, 2014) 등 신조어가 생겨나고 있다. 이처럼 부모에게 의존하며 동거하는 성인기 자녀의 증가 현상은 미국을 비롯하여, 캐나다, 영국이나 프랑스, 이탈리아, 네덜란드 등의 유럽지역에서도 예외가 아니다(강현선, 2018). 송지은(2006)이 자녀가 모두 성인기에 있는 1,257명의 미국의 종단자료인 National Survey of Families and Households를 분석한 결과에 따르면, 성인 자녀와의 관계에서 만족도를 낮게 평가한 부모들은 우울감이 높아졌고 행복감과 심리적 복지감이 저하된 것으로 나타났다. 하지만 이 연구에 참여한 탈북싱글맘들에게 성인 자녀는 버팀목과 의지처가 되어준다는 점에서 사회적 문제로 부각되는 맥락과는 상이하다. 혈혈단신 홀로 남한사회에서 지내는 상황적 맥락을 고려해볼 때, 탈북의 특수한 상황은 성인 자녀의 존재에 관한 의미도 다르게 도출된 것으로 해석된다.

추후 후속연구에서는, 탈북여성과 남한 출신 여성을 비교하여 성인 자녀가 버팀목과 의지처가 되어주는 영역에서, 어떠한 차이점이 있는지에 관해 밝혀낼 필요가 있겠다. 또한 성인 자녀가 모에게 버팀목과 안식처의 기능을 제공하나, 그 응집력과 결속력을 긍정적 속성만으로 해석하기는 어렵겠다. 모자의 과도한 결속력은 자녀와 모의 독립을 방해하는 요소로 작동할 수 있기 때문이다. 아울러 후속 연구에서 탈북싱글맘들의 모자 양측의 기능적인 심리적 상태 및 관계유지를 확보하기 위해 심리내외적 변인을 고려하여 탐색할 필요가 있겠다.

둘째, 탈북싱글맘들은 어머니로서 자녀의 돌봄을 자신의 과도한 책임과 임무로 인식하는 경향 속에서 심리, 사회 및 경제적 어려움이 가중되는 것으로 나타났다. 참여자들은 자식에게 희생적이고 헌신적인 어머니의 모습으로 살아가고 있었다. 예컨대, 자식이 시집, 장가갈 때까지는 책임을 져야 한다고 인식했고(참여자 1, 참여자 3), 북에 거주하는 자식에게 지속적으로 용돈을 보내주는(참여자 1) 모습 등에서 찾아볼 수 있었다. 이는 참여자들이 헌신과 희생의 어머니 상을 스스로의 삶으로써 내재화하며, 그것을 당연시하는 것으로 해석된다. 이것은 전통적인 성 역할과 관련된 것이기도 하고, 북한 사회의 체제가 가져온 산물의 복합적인 결과물로 생각된다. 자녀 교양은 부모의 중요한 의무이며, 공산주의적 새 인간으로 키워야 한다는 북한 가족법 제27조의 내용을 보면, 부모의 의무를 강조하고 있는데, 이러한 사상교육을 내면화한 탈북싱글여성들은 전통적인 어머니의 성 역할에 대한 인식이 함께 공존하기에 더욱 자녀 돌봄을 자신이 책임져야 할 임무로 받아들이는 것으로 해석된다. 연구자들은 참여자들의 자녀에 관한 책임과 의무가 가중되는 헌신적인 부모상에 관해, 참여자들이 북한사회에서 교육받고 경험한 북한체제와 사상에 직간접적인 영향으로 인한 신념과 태도임을 배제할 수 없다고 본다.

또한 참여자들의 자녀에 관한 책임과 의무감은 자녀 양육과 교육에 있어서 북한과는 다른 남한사회의 문화권에서 심리적, 사회·경제적 위축감과 어려움으로 이어질 것으로 보인다. 예컨대, 참여자들은 우울증의 시기와 기간은 다르나, 낯선 땅에서의 적응과 돌봄 과정에서 견딜 수 없는 고통의 과정을 경험하였다. 이러한 결과는 양측 부모가 아닌 혼자 자녀를 양육해야 하는 북한이주여성들은 집안의 가장이 되므로 경제활동과 자녀 양육 두 가지를 모두 병행해야 하는데 어려움이 따르며(박현정·김윤수·박호란, 2011), 자녀를 양육하고 교육하면서 경험하는 무능감, 위축, 소외, 탈북민의 정체성과 스트레스를 경험한다는 연구(신인영, 2014)의 결과들에서 보여주는 고충들과 일맥상통한다.

셋째, 탈북싱글맘들은 어머니로서 양육에 긍정적 가치를 부여하고 일상의 즐거움을 발견해나가고 있는 것으로 나타났다. 이는 북한이주여성들이 북한사회와 다른 문화적 경험을 통해 자녀 양육 및 교육 분야에서도 부모 역할 수행에 어려움을 경험하고 있다는 연구결과(홍승아, 2013)와 상반된다. 또한 학교 공부와 진로 지도, 자녀들의 친구관계를 적절히 지도해줄 수 없다는 무력감(장혜경·김영란, 2000; 홍나미·이인정·김고은·박근혜·최여희, 2010)으로 인해 남한의 양육 문화에 대한 혼란(이인숙 외, 2011)을 경험한다는 내용과도 다른 결론이다. 기존의 북한이주여성들의 양육과 자녀관계에 관한 선행연구 결과를 살펴보면, 그들의 남한사회 적응과 서로 전혀 다른 자녀의 교육과 양육 문화, 탈북과정과 험한 입국 과정에서 겪는 심리적 외상 경험으로 인해, 자녀 양육에 상당히 부정적 영향을 미친다는 연구들이 압도적이었다(홍승아·김소영·박정란, 2012; 홍승아, 2013). 하지만, 이 연구에서는 모자가족의 구조와 탈북이라는 대체로 적응상 분리할 수 있는 조건에도 불구하고, 참여자들은 자녀와의 관계에서 소소한 일상의 즐거움과 행복감을 경험하고 있었다. 일례로, 참여자 1이 민둥산이 많은 북한 풍경과 달리 나무가 우거진 아파트 단지의 공원을 자녀와 산책하는 데서, 참여자 3이 딸과 함께 맞이하는 아침 식탁의 감사에서 그 근거를 찾아볼 수 있다. 이러한 측면에서, 연구자들은 후속연구에서 탈북싱글맘들이 어려운 상황 속에서도 양육의 가치를 발견하고 소소한 일상의 감사를 경험할 수 있는 심리적 자원과 강점에 주목하며 역경을 극복하면서 부정적 정서를 긍정적 정서로 이끄는 경로와 그 과정에 관해 탐색할 필요가 있다고 생각한다. 예컨대, 강점관점(strengths perspective)에서 탈북자들의 외상 후 스트레스장애(posttraumatic stress disorder: PTSD)의 원인과 해결 방안을 찾아내는 것도 중요하지만, 외상 후 성장(posttraumatic growth: PTG)을 예측할 수 있는 다양한 인구사회학적 요인을 규명하는 것이 필요하겠다. 더불어 탈북싱글맘들의 심리적 자원과 강점을 개발해줄 수 있는 프로그램 개발과 지침서 활용 등 서비스 개입에 대한 논의가 필요하다.

넷째, 탈북싱글맘들은 자녀로부터 벗어나 자신만의 독립된 인생을 살아보고 싶은 양가적 욕구를 지니며, 새로운 배우자를 만나 가족의 보금자리를 만들기 희망하는 것으로 나타났다. 이러한 결과는 남한 출신 한 부모 어머니 경험 연구에 관한 김혜선과 김은하 (2010)의 연구와는 차이가 있다. 이들의 보고에 의하면, 남한에서 출생한 한 부모 어머니의 경우 이혼으로 인한 편견, 경제적인 어려움, 의사소통의 문제 속에서도 재혼보다는 여성 한 부모의 삶을 수용한다고 보고한 바 있다. 이러한 남한 출신 한 부모와는 달리, 북한이주여성들은 뿌리 없는 남한 땅에 새로운 가족의 터전이란 울타리를 통해 고단한 일상으로부터 벗어나 자신들이 온전히 기댈 수 있는 배우자를 필요로 하는 것으로 해석된다. 이들은 제3국에서 지내온 과정부터 남한사회에서 배우자 없이 지내면서 고독과 우울, 문화적 차이와 냉소적인 차별적 시선 등을 극복하고 살아가는 사람들이다. 그렇기에 참여자에게 배우자는 일종의 희망의 존재이자, 이들이 꿈꾸고자 하는 가족 이상이 투영된 존재인 것이다. 이와 더불어 참여자들은 모두 자신의 배우자로 북한 출신보다 남한 출신의 남성을 선호하는데, 이들의 언급을 토대로 유추해보면 남한 출신 배우자와의 만남이 자신들의 정체성을 제1국민인 '남한 사람'으로 좀 더 빠르고 적응적으로 살아가도록 해줄 것이라는 기대감이 반영된 것으로 해석된다.

북한이주여성들은 북한의 최고 통치 이념인 주체사상을 어린 시절부터 교육받으면서, 그것을 의식적으로 내면화하면서 살아온 사람들이다. 남북한 사회는 분단 이후 민주주의와 사회주의라는 이데올로기하에서 서로 크게 다른 사회상과 인간상을 추구해왔다. 북한의 경우, 개인의 개성과 소질보다는 집단과 조직의 한 구성원으로서 개인은 국가라는 전체를 위해 존재(신인영, 2014)하는 사람들이다. 북한에서 국가는 개인인 '나'보다 우선시된다. 참여자 1에 따르면, 북한에서 "나에 관해 생각해본 적은 없다"라고 말하는 구술 내용이 그 근거이다. 따라서 한국에서 익숙한 "자기 탐구와 성장", "자아실현", 그리고 "행복" 등 자신과 인권과 관련된 개념들이 북한이주민들에게는 매우 생소한 개념이다. 이러한 측면에서 자신의 개인적 행복과 새로운 배우자에 대한 추구는 남한사회의 적응 과정 속에서 우리 사회가 추구하는 민주주의, 인권 존중, 행복 추구의 개념을 이들이 수용한 결과로 보인다. 따라서 이들의 개별적인 욕구와 독립적인 삶을 지원해주는 정책적, 실천적 개입 방안이 필요한 것으로 보인다.

마지막으로 이 연구의 한계점과 의의 및 후속연구를 위한 제언을 기술하고자 한다. 본 연구에서는 탈북싱글맘들의 어머니 경험을 살펴보았지만, 기존 남한 출신 한 부모들이 겪는 어려움(김혜선 · 김은하, 2010; 홍나미 외, 2010; 홍승아, 2013), 즉 여성 홀로 감당해야만 하는 경제적 어려움, 일과 가정의 양립, 자녀 양육과 돌봄에 관한 부담감, 자녀에 대한 강한 애착 등이 유사한 것으로 나타났다. 즉, 탈북싱글맘들의 주관적 경험을 소수의 사례를 통해 경험적인 기초적 지식을 얻었다는 점에서는 의의를 지닌다고 볼 수 있겠으나, 남북한 싱글맘들의 차이를 면밀히 밝히지 못하였다는 점에서 한계점을 지닌다. 따라서 후속연구로는 첫째, 남한 출신 싱글맘들과 탈북싱글맘을 자녀 연령별로 비교분석 하는 것이 중요하겠다. 가족생활주기상 자녀들의 연령, 양육과 교육의 시기 등 다양한 변수들을 고려하여 아직 미흡한 기초자료를 축적할 필요가 있다. 더불어 탈북싱글맘을 대상으로 남한 출신 배우자와 사는 경우, 북한 출신 남한인과 사는 경우, 제3국의 배우자와 사는 경우 등 다양한 가족 구조의 형태를 면밀히 분석하는 것도 중요하겠다. 그리고 탈북싱글맘들이 탈북 과정에서 가족과 분리, 해체되면서 이들이 인식하는 어머니로서의 역할, 기대감, 그리고 한국사회에 이주하여 변화된 점이 있는지, 어머니로서 어떠한 노력을 하고 있는지에 관한 탐구도 필요하다.

더불어 연구방법론적 측면에서, 질적 연구로 개인의 경험을 깊이 탐색하는 것과 함께 북한이주여성들의 가족 구조와 가족관계, 그들이 지닌 가족 자원과 강점, 회복탄력성의 요인 등에 관한 연구가 아직 미흡한 실정이므로, 가족 관련 주제들에 관하여 양적 연구로 보완하여 데이터를 구축하는 것이 필요하다. 둘째, 가족사회복지 실천 현장에서 탈북싱글맘을 대상으로 자녀 양육에 관한 연령별 구체적인 정보와 지침을 제공할 필요가 있다. 남북의 다른 체제와 문화적 차이에서 발생되는 간극을 줄이기 위해, 자녀의 발달적 이해, 남한의 교육 및 문화의 이해, 자녀의 연령별 특징, 양육행동과 자녀의 발달 등 북한이주민들에게 적합한 실효성 있는 지침서를 마련하고, 실천현장을 중심으로 위와 같은 정보를 제공할 필요가 있겠다. 이러한 전문화된 정책과 구체적인 지침서 제공은 파트너 없이 자녀를 양육하는 북한이주민들의 부모 역량을 강화할 것이며 스스로 양육 스트레스를 적절하게 해결해나가도록 도울 것이다.

2. 연구사례 2_북한이주여성들의 사회복지관 이용 경험

1) 연구개괄

이 연구에 소개된 다섯 명의 북한이주여성은 2015년 「북한이탈 중년여성들의 사회복지관 이용경험에 관한 질적사례 연구」라는 전주람과 김성미(2015)의 연구에서 다룬 바 있다. 여기서는 분량의 한계로 미처 싣지 못한 당시 참여자들의 담화문을 보태어 증언을 소개하고 그 내용을 통해 북한이주여성들에게 지역사회복지관이 어떠한 의미를 지닐 수 있는지에 관해 살펴보고자 한다. 연구자들은 지역사회복지관 현장에서 실천 경험을 지닌 자 혹은 현장 전문가로 활동하고 있는 이들로서 북한사회에서 '복지(welfare)'를 경험하지 못했던 북한이주여성들이 입남 후 지역사회복지관을 어떻게 인식하고 경험하는지에 관해 관심을 가지게 되었다. 이러한 맥락에서 이 연구는 북한이주여성들이 낯선 남한 땅에서 "사회복지관"이라는 기관을 이용한다는 것이 새로운 경험일 수 있을 것이라는 가정하에 연구를 시작하였다.

이를 위해, 복지관의 상담, 프로그램 및 봉사활동에 참여하는 등 이용경험을 지닌 북한이주여성 몇명을 깊이 만나보았다. 연구방법론의 선택에 있어서는 아직 북한이주민들의 사회복지관 이용 경험이 국내 거의 알려진 바가 없었기 때문에 실증적 연구보다는 질적 연구 방법론의 종류 중 하나인 질적사례연구(qualitative case study) 방법론을 활용하여 심층 인터뷰하는 것이 적합하다고 판단하였다.

이 연구에서 연구자들은 특수한 신분인 북한이주민들이 자신의 상품 가치를 높이기 위해, 혹은 단순히 기억의 오류로 인하여 자신들의 증언을 과장하거나 허위로 꾸밀 가능성이 높다는 전경주(2015)의 의견을 바탕으로 연구의 시작 전 라포 형성(rapport building)에 주력하였다. 이를 위해 전주람은 인터뷰 전 그들이 참여하고 있었던 복지관 내 원예활동 프로그램(gardening activity program)에 자원봉사로 참여하며 그들과 친해지는 과정을 거쳤다. 프로그램에 참여했을 당시 남한 출신 연구자는 그들에게 이방인으로 느껴졌고, 북한이주여성이었던 참여자들 역시 연구자에게는 낯선 인물이었다. 하지만 3개월이라는 봉사의 시간이 지나면서 연구참여자들은 연구자들에게 차츰 마음 문을 열었고, 연구자는 진실한 증언을 확보하고자 최선을 다했다.

이 과정에서 연구자는 최종적으로 참여할 연구참여자 다섯 명을 표집할 수 있었고, 이들은 모두 지역사회복지관을 이용한 경험을 지닌 40~50대 여성으로 한정하였다. 다수의 탈북 여성들이 그러하듯, 이들은 모두 탈북한 후 제3국에서 1년 이상 체류 경험을 거쳤다. 자료수집은 2014년 11월 19일부터 12월 10일까지 개인당 3회 심층 인터뷰를 진행하였고, 각 회기당 평균 100~120분 전후 소요되었다. 연구자는 연구참여자들의 동의하에 녹음하였고, 모든 녹취록은 전사하였다. 이후 연구자들은 작성된 전사록을 반복하여 읽으며 공통된 의미들을 도출해나갔다. 이 연구에서 만난 간략한 참여자에 관한 정보는 아래와 같다.

<표 2> 연구참여자들의 일반적 특성

참여자	연령	직업	남편 유무	입국 연도	지역사회복지관 첫 이용 연도
1	50대	식당	무(이혼함)	2004	2005
2	50대	무직	무(이혼함)	2004	2011
3	40대	보험	무(사별함)	2010	2012
4	50대	보험	배우자 있음(탈북자)	2006	2011
5	40대	무직	무(이혼함)	2006	2009

2) 북한이주여성의 사회복지서비스 이용 경험

연구참여자들의 지역사회복지관 이용 경험은 "돌보아지는 이방인", "회복되는 나", "변화하는 나", "이방인으로서의 기대" 4가지로 세분화할 수 있었다. 남한 사람들이 익숙하게 만날 수 있는 '지역사회복지관'이라는 장소가 북한이주여성들에게는 그저 스쳐가는 흔한 장소에 머물지 않고 그 이상의 의미를 지니고 있다. 여기서는 구체적으로 각 하위범주가 어떤 의미를 담고 있는지 그 의미를 논의해 나가고자 한다.

(1) 돌보아지는 이방인

연구참여자들에게 '사회복지관(community welfare center)'은 자신들의 안전과 관련이 깊었다. 연구참여자들은 복지관에서 만나는 사회복지사들을 통해 낯선 남한사회에서 적응해가며 물질적, 심리적으로 돌보아지는 경험을 하였다. 예컨대 그녀들은 하나원에서 퇴소하고 임대주택을 배정받았지만 당장 음식을 담을 그릇이 부족하거나 입을 옷이 마땅치 못하였다. 또한 세탁기는 지원되지 않아 복지관으로부터 중고 세탁기를 제공받기도 하였다. '이주민'에게 소소한 물건의 제공은 단순히 살림에 보탬이 되는 것으로 끝나지 않았다. 그들은 '물건'을 통해 심리적 위안을 받고 심리적으로 안정을 확보해나갈 수 있었다. 특히 그들에게 담당 사회복지사는 그들의 경제적 문제를 책임져 줄 수는 없지만 소소한 일상의 따뜻한 말 한마디는 그들에게 큰 위로가 되었다.

아래 참여자의 증언은 하나원 퇴소 후 처음으로 홀로 보내게 되는 밤으로 외로움, 두려움 등 불안정한 심리상태를 묘사하고 있다.

> 하나원에서 퇴소하고 혼자 나오면 얼마나 외로운 줄 알아요? 첫날 밤에 가장 쓸쓸해요. 가스도 분명 안 되었어요. 개별 가스 줘요. 첫날 밤에 제일 마음이 쓸쓸해요. 그 이튿날부터는 어디서 오라 오라 하니까 정신없는데. 첫날이 중요해요. 내가 혼자 올라가는 것보다 복지관에서 이렇게 같이 왔다고 그러면 더 좋죠. 그런 내가 외로웠던 밤을 기억하고 요즘은 집 배정받아 오는 후배들 많이 도와줘요. 짐 날라주는 사람들이 트럭에다 싣고 왔더라고요. 들여다보고 이것저것 필요한 거 있나 살펴주기도 해요. (참 3)

그리고 몇몇 참여자들이 언급한 바와 같이 복지관으로부터 제공되는 그릇, 옷 등 재활용 물건과 김치, 그 외 반찬 등을 통해 물질적, 심리적 도움을 받고 있었다.

> 복지관에서 재활용 물건이 있다고 연락 주셨어요. 밥상 같은 것도 있다고 하고, 이제 뭐 이렇게 내 차례가 되죠. 그런 작은 소소한 것들이 일상생활에서 큰 도움이 되었어요. 저희는 처음 와서 아무것도 없잖아요. 정말 감사하죠. (참 1)

겨울이 다가오면 복지관에서는 김장 행사 하잖아요. 실제 김치 같은 거 요즘에는 많이 안 하잖아요. 탈북한 우리들도 그렇게 하는 사람 많이 없거든요. 때문에 복지관에서 김치 만드는 봉사하고 다 끝나면 몇 포기씩 주세요. 그렇게 가져다 먹는 게 우리에게 큰 도움이 되죠. (참 3)

저희가 접시가 있어요, 뭐가 있어요. 우리는 모든 걸 새로 시작하잖아요. 그런 상황에서 작은 물품 하나라도 전달해 주시려는 게 좋았어요. 접시도 저한테 보탬이 되더라고요···. 헌 옷을 모아 두고 골라 간 것도 그렇고요. 실제 사려면 돈이잖아요. 분명히 도움은 있었죠. 작은 거지만 처음에 왔을 땐 저희가 이제 뭐 밥상 하나도 그릇 한 개도 없잖아요. 그런 그릇 같은 것도 복지관에서 많이 이제 나눠주기도 했었고 쓰던 거긴 하지만 우린 필요하니까요. 골라 갈 수 있는 데까지 골라 가시라고 했어요. 물질적인 부분을 작게나 크게나 그게 생활의 세세한 부분까지 챙겨주시는 게 감사합니다. (참 5)

아울러 사회복지사들은 그녀들의 낯선 이동을 돕고, 생활문화에 익숙해질 때까지 세세하게 가르쳐주었다. 예컨대 그녀들은 일상생활에서 지하철표는 어떻게 끊어야 하며, 버스를 타고 어디로 어떻게 이동할 수 있는지 난감하였다. 분명 통행증 없이 자유롭게 이동할 수 있다는 건 그들에게 큰 기쁨임에 틀림없지만 경험해보지 못한 자유로운 일상은 오히려 어색하다. 이는 마치 우리가 낯선 외국 여행을 가거나 다른 도시로 이주의 경험이 있다면 충분히 예측할 수 있는 내용이다. 특히 연구참여자들은 폐쇄적인 북한이라는 사회에서 오랜 시간 다른 체제와 문화권에서 생활하였으므로 그들이 겪는 남한사회의 초기 적응은 쉽지 않다. 또한 북한에서와 다른 모양새를 하고 있는 마트와 동네 슈퍼들은 매우 낯설었다. 북한이주여성들은 무엇을 어떻게 구매해야 하는 건지, 마트의 포인트 사용은 무엇인지 등 소소한 고민들로 가득 차 있다. 아울러 자신들의 거주지 우편함에 있는 전기요금 고지서라는 것은 처음 보는 것으로 어떻게 처리해야 하는지 알 길이 없다.

> 처음 왔을 때 지하철 이용법을 몰랐어요. 버스도 마찬가지고요. 복지사 선생님이 저를 데리고 다니면서 하나씩 가르쳐 주셨어요. 감사하죠. 잊을 수 없어요. 지금은 그만둔 여자 사회복지사 선생님 계세요. 따뜻한 말 한마디, 큰 힘이 되었죠. 그분이 동대문도 데려가고 이렇게 해라, 저렇게 해라, 참 많이 알려주셨어요…. 이사 온 첫날 ○○동에 적응하고 살아갈 수 있었던 게 모두 그분 덕이에요…. 젊은 선생님이 속이 참 깊구나라는 생각을 했죠…. (참 1)

> 이사 온 첫날, 처음으로 아무것도 없는 방에서 혼자 자야 할 때 그 기분은 겪어보지 않으면 아무도 모릅니다. 그럴 때 복지사가 방문하는 것이 필요해요. 여기 와서 축하한다. 그런 말 한마디, 종이 한 장이 크죠. 복지관 프로그램 한번 와보라고 하시더라고요, 식사도 하면서 같이 얘기도 나누면 좋다고 소개해 주시면서요…. 우리가 집에 가스 연결하는 거도 모르거든요. 그런 거까지 세심하게 알려주시고 그랬죠. 하루 이틀은 마트 가는 것, 지하철 타는 것, 다 알려줘야 돼요. 은행이 어디 있는지, 어떻게 계좌를 트는지도 모르거든요. 어쨌든 처음에 동반자 한 명이 함께 해줄 수 있는 시스템이면 좋겠어요. (참 4)

그리고 직업을 찾고 미래의 삶을 설계하는 데에도 복지사들의 가이드는 도움이 컸다. 대개 북한에서는 성분에 따라 수동적으로 결정되었던 직업과 진로였으나, 남한에서는 그와 달리 자신의 적성과 재능을 찾아가라고 한다. 하지만 그 직업의 종류는 수천 가지로 무엇을 어떻게 해야 할지 잘 알 수 없다. 대부분 북한에서 일 경험은 한국에서 경력이 인정되지 않을 뿐만 아니라 한국에서는 자격증을 요구하는 경우가 많은 점이 크게 다르다. 그리고 무엇보다 북한에서는 가문의 성분에 따라 직장이 배치되는 경우가 대부분이나 한국에서는 자신의 재능과 역량에 따라 다양한 진로를 결정할수 있으므로 초기 그들은 혼란을 겪는 경우가 많다. 이처럼 참여자들은 사회복지관 이용을 통해 물질적 혜택으로 삶의 필요는 채워나가고, 심리적 지지를 통해 마음의 위안을 받는다. 그리고 사회복지사로부터 생활 가이드를 제공받아 적응을 이루어 나간다고 볼수 있겠다. 북한이주여성들은 복지사의 안내를 통해 그들은 일상으로 적응하며 한 발 한 발 딛어나갈 수 있게 되었다. 아래 몇몇 증언들을 살펴보자.

> 아, 복지관을 알게 된 것은 하나원을 먼저 나오신 선배들이, '복지관에 가면 이러이러한 것을 도움 받을 수 있다'라고 했기 때문에 알았죠. 컴퓨터 할 줄도 몰라요. 사회복지사한테 구인광고도 봐달라고 할 수 있고 물어볼 수 있어 다행이죠. 사회복지관을 만난 것이 저한테는 행운이죠. 복지는 저희 같은 사람들을 품어주니까 너무 감사하죠. 북한에서 복지요? 상상도 못 할 일입니다. 이 사회에 저희 북한 사람들이 보태준 거 하나 없잖아요. 그저 도망 나와 들어와 사는 건데 여러 도움까지 받으니 참 고맙지요. (참 4)

(2) 회복되는 나

참여자들은 사회복지관을 이용하며 안내되는 미술치료, 원예활동 및 김치 담그는 자원봉사 프로그램 등 다양한 프로그램에 참여하고 있었다. 이를 통해 북한이주여성들은 마음의 치유 과정을 경험한다. 탈북부터 입남하여 적응하는 과정에서 우울, 불안 등 부정적인 정서들을 전화하는 기회가 될 뿐만 아니라 동료들과의 관계를 맺어나가며 긍정적인 경험들을 해나가는 기회가 되어주었다. 그들은 종종 어린 시절의 '좋았던 기억'을 회상하며 긍정적인 정서를 경험해 나가기도 했다. 또한 북한에서 관찰할 수 없었던 '예쁜 꽃'을 통해 프로그램 목적과는 무관하게 예쁜 꽃을 바라보는 경험만으로 참여자들은 즐거움을 누리고 있었다. 아울러 그들은 북한에서 어렸을 때 써보지 못한 크레파스와 색연필 등을 사용해가며 동심의 세계를 경험해나갔다. 몇몇 참여자들은 사회복지관으로부터 마음의 치유와 감정에 관해 다음과 같이 증언하였다.

제가 마음에 우울했던 걸 미술로 표현하니까 풀리더라고요. 예컨대 비 오는 날에 우산을 들고 간다, 이걸 그리래요. 이런 걸 그려보니까 마음이 녹고 또 해석해 주시니까 도움이 되었어요. 신기하고요. 원예에서, 꽃도 북한은 개량종이 없어요. 조선에 피었던 봉숭아라든가 그런 거만 있거든요. 여기에는 예쁜 개량종 꽃이 많잖아요. 새로운 예쁜 꽃들을 보니까 즐거워요. 우리가 북한에서는 화분을 가꿔보고 그럴 시간이 없었던 거예요. 에휴! 우리가 북한에서 그런 게 있으면 옥수수를 심고, 배추를 심죠. 화초 같은 걸 보면 마음속으로 예쁘다 하고 말죠. 언제 어떻게 키우는지를 몰라요. 화분을 어떻게 정리하고, 어떻게 물을 주고 그런 거 안 배우죠. 예를 들어 부케란 거 몰랐어요. 꽃을 뚝 끊어주는 줄 알았어요. 그런데 원예치료 프로그램에서 배워보니까 그게 아니더라고요. (참 2)

꽃을 보고 인상 구기는 사람은 없단 말이에요. 북한에서 온 사람들은 겉으로 보기에는 활발해 보여도 항상 마음속에는 어두운 구석이 있어요. 북한에서 공개 총살당하는 것도 봤고, 참 마음고생을 많이 했잖아요. 충격적인 거부터. 아마도 남한에서 태어나서 어렸을 때 고생한 사람들보다도 몇십 배로 나쁜 경험을 했을 걸요. 꽃을 매체로 여러 활동을 하며 즐거웠어요…. 꽃은 어떻게 꽂는지에 따라 방향이 달라지잖아요. 몇 년을 반복해서 프로그램에 참여했지만 지루

하지 않더라고요. 작품은 그때마다 달라지니까요. (참 3)

음식 나눔에서 저도 솔직히 힘들 때가 있거든요. 저는 몸이 지치고 가라앉을 때 밖에 나가기 싫거든요. 누군가에게 기쁨을 준다는 것이. 그런 게 어떤 때는 마음에 보람과 긍지감을 가져다줘요. 어르신들한테 음식 해가지고 가잖아요. 애들이 언제 맛있다고 편지도 했다더라고요…. 애들이 너무 맛있다고 제가 만든 음식 먹고 좋았다고 하면 너무 기쁘죠! 언젠가 순대 했잖아요. 새벽 3시 반까지 순대를 했어요. 그거 시간이 많이 걸리죠. 그래 가지고 그 이튿날 열한 시까지인가 또 나갔어요. 여기서는 아바이순대라고 하던데 드셔봤어요? (참 4)

미술활동, 원예 이런 것도 했어요. 저는 참 재밌다고 생각해요. 그게 우리한테는 아주 적합하고 그림으로 자기 성격이 나오잖아요. 정말 어릴 때나 그림을 그려봤죠. 나이 오십 넘어서 그림을 그린다는 게 너무 설레고 마음에 평안이 오더라고요. 그림 그리면 걱정이 없어지데요. 또 그 원예활동도 나무를 가꾸잖아요. 사실 우리는 북한에서 화분을 가꾼다, 가꾼다 해도 그렇게 못 가꾸잖아요. 예쁜 꽃도 없죠. (참 2)

처음 프로그램에 왔는데 무슨 심리를 알아본대요. 뭐인가 싶었죠. 동심 세계로 들어간 것 같았어요. 마치 어린애가 된 듯요? 어릴 때 해보지 못한 거죠. 보지 못했던 물건들도 보고요. 애기 때 못 해본 걸 해보는 거죠…. 남한에는 좋은 게 많더라고요. 그동안 보지 못한 필기도구라든가…, 크레파스인데 손에 안 묻고 신기하데요. 직접 내 손으로 만들어보니까 재밌고 즐거운 거 같더라고요…. 북한에서 우리가 해보지 못한 거죠. 동심 세계로 들어간 것 같아요. 거기서는 당연히 못 해봤죠. 재료가 없으니까요…. (참 4)

위와 같이 참여자들은 사회복지관에서 북한이탈주민 사업의 일환으로 제공되는 미술치료, 원예활동 프로그램, 음식나눔 활동 등 다양한 복지관 활동에 참여하며 상처의 치유와 감정 정화의 기회를 갖는다. 예컨대 북한에서는 경험해보지 못한 색연필과 크레파스 등 필기구의 사용은 그녀들에게 즐거움을 더해주고, 북한에서는 보지 못했던 새로운 모양의 여러 꽃을 관찰하는 일은 호기심을 불러일으킨다. 물론 이러한 활동들이 그들의 고충을 온전히 복원해주기는 어렵겠지만, 최소한 삶을 버텨나갈 수 있는 용기는 불어넣어 주고 있는 것으로 보인다.

(3) 변화하는 나

참여자들은 사회복지관 이용 경험을 통해 변화해나가는 자신을 발견하였다. 프로그램 참여를 통해 자신을 이해할 수 있었고, 보지 못했던 새로운 자신의 모습을 볼 수 있었다. 특히 참여자들은 '복지'가 부재했던 국가에서 성장하며 자아 발견의 기회는 갖지 못했었다. 자신을 발견하고 자유와 권리를 보장받아야 한다는 점, 즉 민주주의 국가의 신념을 토대로 남한사회에서 살아가는 참여자들은 자아의 확장을 이루어나갔다. 이는 일상생활을 변화시키는 의미 있는 변화이자, 행복의 시작점이 되고 있었다.

몇몇 참여자들은 사회복지관 참여를 통한 자신의 변화와 성장에 관해 다음과 같이 증언하였다. 북한 사람들에게 행복, 인권, 복지와 같은 단어는 존재하지 못한다. 대부분 생존을 위해 버둥거리는 삶이다.

행복 같은 것도 생각을 못 하고 그저 오직 하루 세끼를 내 가족을 어떻게 하면 굶지 않게 잘 챙겨줄까. 근데 나는 좀 이렇게 직장이 좋은 직장에 있어 가지고

먹고 쓰고 사는 것은 뭐 이게 없어서 못 살아야겠다, 이런 걱정은 없었어요. 솔직히. 그건 없었는데 그래도 지금 여기 왔을 때 뒤를 돌아보면 너무도 한 여자로 태어나 가지고 너무너무 몸을 혹사하면서 살지 않았나 싶어요. 집안일 남자들은 별로 안 해요. 다 여자들이 하지. (참 1)

남한 와서 제가 느낀 게 자유가 있기 때문에 자신도 관리할 수 있다는 거예요. 또 원하는 걸 모두 할 수 있고요. 자유라는 테두리 안에서요. 인권이라는 단어요? 북한에서 당연히 몰랐죠. 북한 사람들은 인권이라는 말 자체를 모르죠. 안타깝죠…. 그저 우리는 북한에서 공부할 때 김일성 주체사상 이런 거만 공부했죠. 전혀 나한테 쓸모가 없는 거죠. 그런데 여기 사는 사람들은 앞으로 어떻게 잘 살아가나 그런 걸 고민하데요. 쓸모 있는 거잖아요. 김일성 사상을 줄줄 외워 뭐 할까요, 뭔 소용이 있어요. (참 2)

국정원에서 조사받잖아요. 조사과정을 거쳐야만 하나원에 들어갈 수 있거든요. 그때 조사받을 때는 한국이 어딘지도 몰라요. 거기 한 선생님이 묻더라고요. 이 사회가 어떤 것 같냐고요. 그래서 제가 복지국가인 거 같다고 했습니다. 복지나라, 복지국가, 복지가 먼저인 나라…. 북한 사람들은 '인권'이라는 개념 자체를 모르는 거예요. 먼저 온 우리들이 정착을 잘해서 통일되면 많은 역할들을 할 수 있지 않을까요? (참 4)

참여자들은 남한의 지역사회복지관이라는 장소를 통해 자신을 돌아보았다. 과거를 돌아보고, 북한이라는 사회를 돌아봤다. 그리고 심리상담을 통해 자신의 마음을 깊이 처음으로 들여다보았다.

나를 돌아보게 된 계기. 남한에 오지 않았다면 다시 기억을 꺼내 볼 일이 있었을까요? 과거를 회상하고 다시 여행을 다녀온 느낌이랄까요…. 제가 살아온 과거를 돌아보면서 여러 가지 느꼈어요. 아, 지금까지 고생했으니 남은 삶 의미 있게 즐겁게 살아야겠죠. (참 1)

미술활동, 원예 이런 것도 했어요. 저는 미술이 참 재미있다고 생각했어요. 재
밌어요. 우리한테는 아주 적합해요. 어떤 날은 다섯 명이 둘러앉아서 그림을
그렸거든요. 하하하, 자기 성격이 다 나오잖아요. (참 2)

상담치료라는 게, 내가 딸한테 그랬어요. 이거 잘 배워서 나중에 엄마 마음을
연구해 보라고요. 그리고 난 너 키우면서 어땠는지 솔직하게 다 말해준다고 했
어요. 그럼 우리는 좀 더 가까운 모녀지간이 되지 않을까요. 제가 어디에서 표
현할 기회가 없었던 거죠. 그리고 남들이 강하게 하면 저도 저래야만 살아남을
수 있다고 생각했거든요. 그런데 자기 말을 누구한테 하면서 나 자신도 돌아보
고 참 좋습니다. (참 5)

친구들에게 복지공부 한다니 웃어요. 무슨 대학교에서 그런 걸 배우냐고 해요.
이해를 못 합니다. 복지? 인권이요? 북한에서 상상도 못 한 단어입니다. 길에
서 파지 줍는 노인들 계시잖아요. 아주 잘 살지는 못해도 그런 분들도 최소한
생존 가능하도록 도와주는 게 복지가 아닐까 싶어요. 다 같이 살 수 있는 그런
사회가 아닐까 싶어요…. 우리는 인권요? 그런 말 한 번도 못 들어봤거든요. 북
한에서는요. (참 3)

이러한 과정은 참여자들의 삶을 변화시켜 나갔는데 특히 '언어
표현' 영역에서 큰 변화가 있었다. 북한에서는 언어의 자유가 없다.
가족에게 표현하는 것까지도 무언의 압력을 받는다. 이러한 사회 분
위기와 체제 아래 누군가에게 '사랑한다', '좋아한다' 등과 같은 정
서적 표현은 생각하거나 거의 표현한 경험이 없는 것으로 보인다.

북한 사람들도 자기 새끼 보고 예쁘다 그래요. 엉덩이 쳐주고 이렇게 표현할 줄
만 알죠. 여기처럼 사랑한다 이런 말 표현할 줄 몰라요. 그런 말 북한에서 하면
아주 이상하게 볼 걸요. 남한 와서 내가 아들하고 통화하다 보니까 말이 나와
요. 아들, 사랑한다고 말하게 된 거예요. 북한은 이런 문화 자체가 없죠…. 그

냥 좋으면 좋다고 하죠. 내가 "사랑한다", "보고 싶다" 이런 표현 잘 못해요. 거기 살 때 제 말로 표현하는 것은 없었던 거 같아요. 그런 거 거의 경험하지 못하고 자랐어요. 내 주위 사람들이 그렇게 말하는 걸 못 본 거죠. 그러니까 그쪽의 문화인 것 같아요. 중국에 있을 때도 자기표현 하는 거 못 배웠죠. 마음의 여유가 어디 있습니까. 식당에서 먹고 자고 했는데 뭘 생각했겠어요. 서로를 돌아볼 겨를이 없었잖아요. 아무튼 한국 와서 많이 배웠어요. 대한민국 땅에서 살게 된 게 너무 감사합니다. (참 1)

북한은 한 사람을 위해서만 충성하죠! 하지만 남한은 자유롭게 표현할 수 있는 나라죠. 내가 머리 굴려 노력하면 내 재산이 되는 나라. 북한은 자신이 아무리 머리가 좋고 노력을 하거나 발명을 해도 써먹을 데가 없어요. 빛을 못 내죠. 오직 북한은 국가에 충성하는 거예요. 그들이 하라는 대로 맞춰 사는 거죠. 그러니까 수동적인 인간이랄까요? 자기 능력을 발휘할 기회가 없는 거죠. 불평스럽고 원망스러워도 표현을 못 해요. 잡아가니까. 마음속으로만 품고 사는 거예요. 표현 절대 못 하고 삽니다. 그렇죠. 언어의 자유가 너무 좋았어요. 그리고 숨어 다니지 않아도 된다는 사실이 얼마나 편하고 좋습니까. 옛날, 중국에서는 웽~~ 소리만 나도 겁나 가지고 도망치고 그랬어요. 잡으러 올까 봐요. 후다닥 어디 숨었죠. 지금은 당당하게 살 수 있으니 좋죠. (참 3)

입남 후, 점차 참여자들은 자신의 생각, 느낌 등을 언어적으로 표현하는 방법을 배워나갔다. 자신의 생각이 무엇인지, 어떠한 감정을 느끼는지 등에 관해 타인에게 전달할 수 있는 존재로 바뀌어 갔다. 그러면서 사회주의 체제의 불합리성이 어떠한지 깨달아나갔다. 마치 참여자들은 어느 유리 박스 안에 갇힌 개구리 같다. 유리 박스는 북한 사회에 비유할 수 있겠다. 유리 박스 안에 갇힌 개구리는 마구 튀어보지만 그 이상 밖으로 나가지 못한다. 그들은 유리 박스를 깨고 바깥 체계로 나오는 뒤에만 비로소 자유와 권리를 경험할 수 있다.

(4) 복지관에 대한 이방인으로서의 기대

참여자들은 복지관에서도 여전히 미비하게 존재하는 편견이 사라지고, 보다 따뜻한 행정서비스를 경험하기 원했다. 우선 편견과 고정관념 부분을 살펴보자. 참여자들은 사회복지관 이용 경험을 통해 여전히 차별과 고정관념을 경험하고 있었다. 이 때문에, 그들에게 안식처가 되는 '사회복지관'은 동시에 상처를 주는 대상이 되곤 하였다. 참여자들은 사회복지관을 이용하며 여전히 남한 사람들의 따가운 시선을 경험하였다. 그 사람들은 복지관 직원이기도 하고 복지관을 이용하는 이용자들, 혹은 가끔 오가는 주민의 이웃이기도 하다. 특히 북한식 말투나 억양이 따가운 시선의 주된 이슈가 된다. 이를 극복하기 위해 참여자들은 북한식 말투에서 벗어나 한국식 말투를 연습함으로써 남한출생 사람들과 비슷한 말투를 구사하기 위해 노력했지만, 한계점을 극복하기란 쉽지 않았다. 또한 두 집단 간에 서로 통용되지 않는 단어, 예컨대 소래, 구류장 등의 상이한 단어들은 두 집단의 거리를 좁혀나가기 어렵게 한다.

> 탐구적인 열성을 가져서 그런지 우리는 가끔 언성이 높아지기도 하거든요. 그럴 때 좀 좋은 긍정적인 눈으로 봐줬으면 좋겠어요. 이상하다는 식의 편견 어린 시선이 불편해요. 차별받는 거죠. 배려가 있다면 얼마나 좋아요. 아! 여기 남한 사람들은 이렇게 사는구나 배우는 거예요. 여기 사람들의 생활방식은 이렇고, 여기 말투가 이렇고 문화적으로 다르구나. 이렇게요. 그러니까 서로 인정해주는 것이 필요합니다…. 사회복지관 선생님과도 거리감이 분명히 있어요…. 아무래도

이 사회복지관이라는 곳이 교육해주는 곳이구나. 같이 사람들끼리 어울릴 수도 있고. 이런 데가 있구나라고 말이죠…. 그냥 같이 어울려주면서 아, 이 사람들이 이런 거구나. 항상 복지관 '선생님은 선생님이고 나는 나야' 하는 이런 거리감이 있어요. 조금 더 가까우면 좋을 텐데. 아쉽죠. 선생님들은 감추려고 하지만 절대 감춰지지 않는 미묘한 부분이 있어요. (참 5)

북에서 온 사람들을 바라보는 시선이 평등하면 좋겠어요. 이게 우리를 가장 힘들게 하는 거 같습니다. 내기 생각이 모자란 게 아닌데… 아쉽죠. 우리는 단지 가난하고 못사는 나라에서 왔을 뿐입니다. 동등합니다. 그 차이예요. 낯선 한국에 입남한 북한 사람들보다 여기서 태어난 한국 사람들이 먼저 이해해주기를 바라죠…. 언어 차이만 없었어도 좀 나았을 텐데, 그렇죠? 물론 제가 극복해나가야 하는 일이죠. 감수하고 살고 있습니다. 어쩔 수 없죠. 어떤 사람이든지 북한에서 왔다고 하면 한 수 내리깔고 보는 거예요. 사람은 누구나 동등한데 말입니다. 우리도 똑같이 남한 사람들만큼 생각할 수 있는데 말이에요. 우리가 모자란 거도 아닌데요. 단지 못사는 북한이라는 나라에서 왔을 뿐입니다. 그 차이뿐인데 차별이 커요. (참 1)

편견이 있어요. 그게 가장 안타까운 일입니다. 북한 사람들이 여기 오면 '남한 사람'이잖아요. 그런데 여전히 '북한 사람'이에요. 통일되면 합쳐야 할 땅인데 말입니다. 여기 온 사람들 마음 평안 누리고 사는 날이 올까요? 한국에 있는 사람들이 좀 그 편견, 고정관념을 버리면 좋겠어요. 북한에서 온 사람들도 사람마다 다 다른 거잖아요. 여기 사람들도 마찬가지고요. 성공한 사람도 있고 그렇지 못한 사람도 있고. 다 다른 건데…. (참 2)

두 번째로 참여자들은 복지 행정의 아쉬운 부분을 말하였다. 참여자 1은 무엇보다 일자리 정책이 우선되어야 한다고 말했고, 참여자 3과 5는 관계적인 측면에서 초기 적응 시 담당 복지사가 보다 따뜻하게 대해줄 것과 질 높은 프로그램을 통한 성장을 기대하였다. 또한 참여자 4는 가구, 그릇 등 버려지는 물건을 보다 효율적으로 활용하는 방안에 관해 제안하였다.

실제 피부에 와 닿는 복지면 좋겠어요. 북한 사람들이 와서 정착할 수 있게끔 도움이 되는 게 가장 절실하다고 봅니다. 그것이 잘 안 되고 있는 거죠…. 어쨌든 우리는 생계가 가장 시급해요. 그러니까 무엇보다 직업 찾는 일이 중요한 거 아닌가 싶어요. 일자리 잡게 해주는 게 가장 중요해요. 제가 생각할 때는요, 여러 활동에서 무늬 넣기도 좋고, 꽃으로 장식하면서 화분 만들어보는 것 재미있지만, 실질적으로 우리에게 더 필요한 복지면 좋겠어요. 피부에 와 닿는 거라고 할까요? (참 1)

처음 적응할 때는 적응 잘 안 되죠. 여기 남한에 대해서 실제 아는 게 별로 없잖아요. 경제적으로도 불안하고 마음이 안정 안 되고 막 이러는데 사회복지관이라도 찾아가면 오셨냐고 알아차려 주시잖아요…. 그렇지. 말 한마디, 이사 축하한다는 그런 종이 하나라도 도움이 됩니다. (참 3)

각 사람 패턴에 맞추면 좋겠어요. 예를 들어 병원이 어디 있고, 동사무소는 어디 있다…. 또 먼저 오신 어떤 분을 사례로 들어 어떤 과정을 통해 정착해 가셨다는 얘기라든지요…. 물론 하나원에서 자세하게 하나씩 가르쳐줘야 해요. 벙어리 속 그 사람 아비도 모른다고 하잖아요. 그러니까 그 사람이 빨리 적응할 수 있도록 전문가 도움이 필요한 거예요…. 사람은 누가 어떤 길을 안내해 주는가에 따라 달라지거든요. 노래방으로도 가고. 긍정적으로 산 사람들은 내 힘으로 벌겠다는 사람은 바른길을 가거든요. 그러니까 이건 진짜 전문가가 해야 돼요. 안 좋은 길로 가는 사람들을 교육하거나 알려주고, 올바른 길로 가게끔 가이드라인을 줄 수도 있고요. 또 돈이 나가는 걸 막아줄 수 있으면 너무 좋죠. 우리가 여기 와서 가구를 해 사거나 좋게 집을 꾸미고 살기는 어렵잖아요. 그러니까 복지관에 혹시 깨끗하고 쓸 만한 가구나 물건 등이 있다면 보관했다 우리 사람들 줬으면 좋겠어요. 탈북해서 처음 오면 가구, 의자, 티브이 받침 이런 거 하나도 없거든요. 참 크게 도움이 되죠. (참 4)

감동이 부족해요. 이용하는 사람의 심금을 울릴 수 있도록요. 정말 남한에 오면 너무 행복하다고 너무 고맙다는 생각이 들면 좋겠어요. 자부심이 들게끔 해주면 참 좋겠어요…. 감정적으로 가깝게 다가와 주면 좋겠어요. 따뜻하게 공감해주는 것이 필요한 것 같아요. 서로 교류하는 게 중요해요. 책상머리 사람 말고요…. 사람의 마음에 감동을 주는 것이 우리들에게는 너무 중요하거든요. 일차적이랄까요. 외롭고 힘드니까… 복지관은 기본적으로 인정이 중요해요. 어떤 다른 것보다 일차적으로 중요해요. 그리고 정신적인 면부터 어떤 물질적인 면까지 세심하게 살펴주길 바라죠. 차근한 어떤 설명과 이해심과 배려… 상대방을 바라봐주는 마음이 많았으면 좋겠어요. 예컨대 인문학 강연이나 100도씨 같이 좋은 강연들 있잖아요. 이런 강의 있다고 문자 보내면 좋겠어요. 여러 강의 듣고 싶고 그런 정보를 잘 모르거든요. (참 5)

3) 논의점

이 연구는 소수의 북한이주여성을 대상으로 지역사회복지관의 이용 경험이 어떠한지에 관해 탐색하였다는 점에서 일반화의 한계점을 지니나, 북한이주여성들의 사회복지관 이용 경험이 어떠한지 당사자들의 경험을 깊이 탐색하였다는 점에서 의의가 있다.

이 연구를 통해 실천적인 영역과 후속연구를 위해 몇 가지 시사점을 얻을 수 있겠다. 첫째, 북한이주여성들은 한국사회에서 지역사회복지관을 이용하며 사회복지사의 생활 가이드 역할로 도움을 받는다. 그들은 이불이나 그릇 등 실질적인 물질을 제공받기도 하나 무엇보다 담당 사회복지사의 정서적인 지지와 격려가 매우 중요한 것으로 밝혀졌다. 특히 일상생활 영역에서 대중교통 이용법을 알려주거나, 전기요금 납부, 마트 포인트 만들기 등 한국 출생자들에게는 익숙한 일들에 관해 그들은 매우 생소하므로, 사회복지사들의 관심과 자세한 가이드가 북한이주여성들에게 도움이 되었다.

두 번째로, 북한이주여성들은 지역사회복지관 내 심리상담 및 프로그램에 참여함으로써 신체적, 심리정서적으로 회복되고 치유되어 갔다. 그들은 제3국을 거치며 은둔생활을 하거나 성희롱, 폭력 등 트라우마 혹은 부정적인 정서를 겪은 경우가 있고, 이러한 상처받고 찢긴 마음은 복지관 내 미술치료 프로그램, 원예활동, 김장 행사와 나눔 등 여러 활동을 통해 만남과 소통의 기회를 가지며 타인을 통해 자신의 정체성을 새롭게 만들어갔다.

세 번째로 북한이주여성들은 지역사회복지관을 통해 학습의 기회를 갖고 자신(self)을 발견해나갔다. 미술치료 활동에서 그림을 통해 자신의 마음을 표현하고 분석하는 과정과 원예치료 프로그램에서 식물을 통해 자신의 마음을 반영하고 집단원들과 이야기 나누는 과정은 북한에서는 전혀 접해보지 못한 경험이다. 이 과정에서 그들은 자신의 정서를 인식하고 표현하는 감정 인식과 표현 방법을 학습해나간다. 아울러 자신의 존재가 국가를 위해 존재했던 북한에서와는 달리 자신이 인생의 주인공이며 미래를 계획하는 주체자로서 살아가는 방법을 배워나갔다.

마지막으로 연구참여자들에게 지역사회복지관은 자신에게 의지처가 됨과 동시에 종종 차별과 편견의 경험을 해온 것으로 밝혀졌다. 복지관에서 만나는 사회복지사와 이용자들과의 만남을 통해 북한이주여성들은 자신이 '부족한 사람', '못사는 나라에서 온 사람' 등의 인식을 해나가는데, 이러한 경험은 그들에게 또 한 번의 상처와 정서적 고립감을 경험케 하였다. 이에 관한 대안으로 지역사회복지관은 소수자로 살아가는 북한이주민들에 관한 이해를 돕기 위해, 복지관 직원을 대상으로 북한이주민과 북한사회 전반에 관한 보다 전문적이고 체계적인 교육을 제공할 필요가 있다. 이를 통해 남북인이 함께 근무하는 직장에서 평등한 직장 문화를 만들어가며 서로의 문화적 간극을 줄여나갈 수 있을 것이라 기대한다.

3. 연구사례 3_북한이주남성들의 사회복지관 이용 경험

연구자들은 2015년 북한이주여성들의 사회복지관 이용 경험이 어떠한지 몇몇 여성들을 만나며 '남성'들의 복지관 이용경험은 어떠한지 관심을 갖게 되었다. 이후 연구의 동기를 발전시켜 북한이주남성 몇 분을 만날 수 있었다.

1) 연구개괄

서울 소재 ○○종합사회복지관과 협력하여 북한이주남성 다섯 분을 인터뷰할 수 있었다. 그 결과 전주람, 정효숙, 김성미는 2021년 「북한이주남성들의 지역사회복지관 이용경험에 관한 연구」라는 제목으로 문화와 융합 학회지에 게재하였다.

여기서는 분량의 한계로 미처 싣지 못한 당시 참여자들의 담화문을 보태어 그 증언을 소개하고 그 내용을 통해 북한이주남성들에게 지역사회복지관이 어떠한 의미를 지닐 수 있는지에 관해 살펴보고자 한다. 연구자들은 그간 상대적으로 미흡하게 다루어진 "북한이주남성"들의 지역사회복지관 이용 경험이 어떠한지 그 내용에 관해 탐색하여 부족한 연구 영역에 기초자료를 제공할 수 있을 것이라 기대하였다. 아울러 실천적인 면에서는 북한이탈주민사업과 관련된 전문가 또는 실무자들에게 유용한 정보로 활용될 수 있을 것이라 기대하였다. 이를 통해 궁극적으로 북한이주남성들이 보다 체계적이고 전문적인 지역사회의 복지서비스를 경험할 수 있도록 하기 위한 방안을 제시하고자 하였다.

이 연구에서 활용한 연구방법론은 질적사례 방법론이었다. 이 연구방법론은 복잡한 사회현상을 이해하고 사례를 통해 의미 있는 특징을 발굴해내는 데 유용하다(Robert Yin, 2014). 특히 이 연구방법론은 탐색하고자 하는 주제에 관해 그 사회에 알려진 바가 거의 없을 때 활용하기 유용한(전주람, 신윤정, 2019) 접근법이라고 할 수 있다. 사례연구 설계의 종류에는 단일사례설계와 다중사례설계로 나눌 수 있지만, 이 연구에서는 다중사례가 일반적으로 단일사례보다 더 설득력 있다는 주장에 근거하여(Herriot & Firestone, 1983) 5명의 북한이주남성을 만나 인터뷰하였다.

본 연구의 참여자들은 연구의 주제와 관련하여 충분히 답변할 수 있다고 판단되는 자를 현장 복지전문가들이 추천하는 세평적 사례선택(reputational case selection)으로 표집하였다. 그리고 이후 몇몇 참여자를 통해 또 다른 참여자를 소개받는 눈덩이 표집방식(snowball sampling)을 동시에 활용하였다. 참여자들은 최소한 지역사회복지관에서 직업 및 심리상담, 교육 프로그램 및 봉사 활동 참여 등의 경험이 적어도 2년 이상인 자로 선정하여 면담을 진행하였다. 자료수집 기간은 2021년 2월부터 5월까지 약 3개월간 진행하였고, 연구참여자들의 간략 정보는 다음과 같다(〈표 3〉).

<표 3> 연구참여자들의 일반적 특성

참여자	연령	직업	탈북 시기	고향	가족 수	복지관 초기 진입경로	복지관 이용기간
1	50대 초반	없음	약 7년 전	청진	4명	적십자 봉사자, 이웃 등 구두로 정보 습득	약 3년 6개월
2	60대 초반	청소	약 10년 전	평양	2명	이웃의 소개로 권유받음	약 2년
3	60대 초반	건물 관리	약 12년 전	무산	2명	이웃의 소개로 권유받음	약 2년 4개월
4	50대 중반	기계 관리	약 15년 전	무산	2명	취업을 위해 사회 복지사를 찾아감	약 3년
5	30대 중반	알바	약 5년 전	혜산	1명	이웃의 소개로 권유받음	약 2년

1단계에서는 지역사회복지관에 근무하는 전문 사회복지사를 통해 연구의 목적과 면담방식을 어떻게 진행할지에 관해 안내하였고, 참여자들의 연구참여 동의 절차를 거쳤다. 2단계에서는 연구참여자를 집단으로 만나 면담자가 연구방법론과 질문 내용에 관해 설명하였다. 질문지는 참여자들에게 미리 사전에 전달하여 자신의 경험에 관해 회상하고 생각해볼 수 있는 기회를 갖도록 하였다. 그리고 질문지에 관해 궁금한 점이 있다면 질문하고 의견을 이야기할 수 있도록 안내하였다.

3단계에서 연구자는 반구조화된 면담방식(semistructured interview)으로 주로 개방형 질문을 통해 개인당 두 번의 인터뷰를 진행하였다. 각 회기별 소요 시간은 평균 약 2시간 정도 되었다. 인터뷰 장소는 참여자가 이용하거나 방문 경험이 있는 그들의 거주지 부근 서울 소재 ○○종합사회복지관 내에 위치한 교육실에서 진행하였다. 심층면담은 Seidman(2013)이 언급한 세 단계의 방법을 적용하여 진행하였다. 첫 번째 인터뷰에서 연구자는 연구참여자의 생애사에 초점을 맞추어 탈북 동기는 무엇이었는지, 그의 가족관계는 어떠한지, 복지관은 어떻게 알게 되었으며, 전반적으로 일상생활을 어떻게 지내고 있는지 등 생활사에 관해 두루 탐색하였다. 그리고 두 번째 인터뷰에서는 남한사회에 거주하면서 복지란 무엇이라고 생각하는지, 초기 지역사회복지관에 참여하거나 권유받았던 활동이나 프로그램은 무엇이었는지, 또한 어떤 프로그램이나 활동이 도움이 되었었는지 등에 관해 탐색하였다. 그리고 마지막으로는 두 번의 면담에서 이야기한 내용을 스스로 반추해나가며, 그 의미에 관해 정리하는 시간을 가졌다.

〈표 4〉 연구진행 과정

단계	과정	내용
1단계	참여자 모집 및 연구동의 절차	· 전문 사회복지 담당자를 통해 연구의 목적, 면담방식 등에 관해 안내함 · 참여자들의 연구참여에 대한 동의절차를 구함
2단계	집단 만남, 라포 형성 및 질문지 안내	· 연구자와 복지실무담당자는 집단 만남을 통해 라포 형성 · 질문지 내용 소개 및 안내
3단계	개별면담 및 자료 문서화	· Seidman(2013) 면담절차 내용에 따른 개별 인터뷰 진행 · 지역사회복지관 이용 경험에 관한 의미 탐색 및 마무리 · 자료 문서화 및 연구주제와의 관련성 검토
4단계	전문가 토의	· 전문가 토의를 통해 연구결과에 관해 논의함 · 지역사회 복지관 이용 경험에 관한 하위범주 분류를 확인하고 의견을 나눔

2) 북한이주남성들의 사회복지서비스 이용 경험

연구참여자들의 지역사회복지관 이용 경험은 "북한에서 경험해보지 못한 복지개념의 인식", "정서적 안정감 획득 및 자아 발견", "남한 문화의 전반적 이해 및 일자리 관련 정보 획득" 총 3개의 주제와 7개의 하위 주제로 나뉘었다. 그럼 하위 영역에 관한 자세한 내용에 관해 살펴보도록 하겠다.

〈표 5〉 연구참여자들의 지역사회복지관 이용 경험과 주된 내용

대주제	소주제
북한에서 경험해보지 못한 복지개념의 인식	생소한 단어인 복지와 복지관
	낯선 땅에서 희망의 토대가 되어준 거점지대로서의 복지관
정서적 안정감 획득 및 자아 발견	사회복지사와의 정서 · 관계적 교류 및 지지체계 구축
	복지관 활동을 통한 일상의 활력
	타인과의 관계 경험을 통한 새로운 자아 발견 및 성장
남한 문화의 전반적 이해 및 일자리 관련 정보 획득	낯선 일상생활에서 유용한 정보의 획득
	사람 간의 만남을 통한 일자리 정보 획득 및 동기부여

(1) 북한에서 경험해보지 못한 복지 개념의 인식

연구참여자들은 북한에 거주할 당시에는 미처 생각해보지 못한 '복지'라는 용어에 관해 새롭게 인식해나갔다. 예컨대 참여자 1은 북한에서 사회보장이라는 용어는 들어본 적이 있지만(참 1), 복지라는 단어는 생각해본 적이 없다고 증언하였다. 또한 연구참여자들은 북한에 거주할 당시 남한에서 경험했던 '지역사회복지관'을 보거나 이용했던 경험이 전혀 없었다. 즉 복지서비스의 경험을 받아본 기억이 전혀 없었다고 하였다. 하지만 몇몇 참여자들은 자신들의 거주지 주변에서 장애인의 머리를 감겨준다는 말은 들어본 적이 있지만 직접 목격한 적은 없었다고 증언했다. 연구참여자들이 입남 후에 경험한 '복지'라는 개념에 대한 이미지는 크게 '사랑'(참 4)과 '나눔'(참 3)이라는 두 개의 키워드로 정리해볼 수 있다.

> 복지라는 단어, 북한에서 생각조차 못 했죠. 여기 오니까 '복지'라는 게 있데요. 처음으로 '복지'라는 단어 들었을 때 신기하죠. 뭐 도와주고 하는 게 있나 보다 신기하죠. 복지관에 와보니까 모든 게 새로웠어요. '복지'는 북에서 넘어온 우리들에게 희망입니다. 지금까지 살면서 가장 기억에 남는 곳이에요. 복지관의 이미지는 남들에게는 모르겠지만 저한테는 첫인상이 포근하고 따뜻했어요. 그리운 고향에 대한 향수도 느낄 수 있고 그런 곳이랄까요. (참 1)

> 북한에는 이 한국 같은 복지가 없잖아요. 복지는 나눔과 사랑 두 가지 단어로 생각해봤어요. 근데 뭐 솔직히 북한에서는 전혀 복지 단어에 관해 생각해보지 못했어요. 뭔가 때가 되면 군대 가고 생활하고 그랬죠. '복지'가 한자로 어떻게 되죠? … 어쨌든 복지라는 건 상대방에게 복을 준다는 그런 좋은 의미이지 않을까 싶습니다. 우리가 살아가는 데 힘을 주는 어떤 거라 할 수 있겠죠. (참 3)

(2) 정서적 안정감 획득 및 자아 발견

연구참여자들은 지역사회복지관 이용 경험을 통해 심리 및 정서적 안정감을 획득하고 새로운 자신을 발견하며 성장해나갔다. 북한이주남성들은 남한사회로 물리적 이주를 하여 한정된 네트워크를 지닌다(이철우, 2013). 이는 북한에 가족을 두고 왔거나 혹은 앞으로 가족을 데려와야 할 의무를 지닌 남성들, 그리고 안타깝게도 탈북 과정에서 가족들과 헤어지거나 가족원들의 사망을 목격하여 가족 형태의 변화를 갖게 된 경우도 있다.

　이러한 탓에 북한이주남성들에게 인간관계는 매우 중요하며 네트워크 형성은 심리 및 정서적 지지체계로 이어지게 된다. 특히 '복지관'이라는 장소는 그들의 심리적 기능을 돕고 결국 그들의 정착과 심리 정서적 안정에 기여하는 것으로 나타났다.

〈사회복지사와의 정서 · 관계적 지지 경험〉

우리가 밖에 나가 일해보면 조금만 틀어져도 인상 쓰잖아요. 근데 여기 복지사들은 너무 친절하고 인상 좋으시고 그러죠. 북한 여자들 드세요. 머리끄덩이 잡고 무섭게 싸우고 그러잖아요. 그런 거 다 받아주시고 처리해주시고 그러잖아요. 마음을 어루만져 주셨어요. 사람이 넘어오고 하는 과정에서 놀라고, 화병이 많이 생기잖아요. 그걸 말할 수 있게 해주셨어요. 심리적으로 위로가 되고 지지가 되어주는 거 참 중요해요. 정서적 지지가 되어주고, 참 감사해요. (참 1)

복지관 있다고 누가 그러더라고요. 소문 듣고 온 거죠. 제가 임대아파트에 살 때였어요. 거기 살던 사람들이 알려줬습니다. ○○이도 임대단지 살았었거든요. 사회복지사 처음 봤는데 느낌이 괜찮더라고요. 모두 친절하셨어요. 사람들 모아 식사도 하고 그랬어요. 사람들 마음을 보듬어주고 그랬어요. 우리는 탈북하는 과정에서 놀라고 화병이 많이 생기거든요. 그걸 누군가한테 이야기할 수 있게 되니까 고맙죠. 그런 게 필요해요. 심리적으로 크게 위로가 됩니다. 지지해주시는 선생님들이 너무 고맙죠. (참 3)

〈지역사회복지관 활동을 통한 일상의 활력〉

처음에 복지관 와서는 운동했어요. 탁구도 하고 족구도 하고 재미있죠. 땀나게 운동도 하고 사람들끼리 어울리기도 하고요. 처음 온 사람들에게는 정말 도움이 많이 됩니다. 우리 처음 오면 외롭고 뭐를 해야 할지도 도통 모르거든요. 서로 정보도 공유하고 도와주고. 작은 통일인 거죠. (참 1)

〈타인과의 관계 경험을 통한 새로운 자아 발견 및 성장〉

저도 지금 '복지' 그 일 하고 있어요. 혼자 사는 여성들, 한 부모라고 하죠? 그런 집도 방문해서 필요한 생필품도 전달해 드리고 해요. 이거 보세요. 며칠 전에 고맙다고 장문의 문제를 보낸 거예요. 이렇게 연락 오고 하면 감사하죠. ○○에서 포장해주면 방문해서 드리는데, 돼지갈비, 물김치, 장어 등 여러 가지 보내주거든요. 이런 메시지 받으면 그 사람의 마음, 진심이 느껴지니까 보람 있죠. (참 1)

(3) 남한 문화의 전반적 이해와 일자리 관련 정보 획득

연구참여자들은 남한사회 적응에 있어서 무엇보다 자신들의 생계를 보장해줄 취업의 중요성을 강조하며, 복지관을 통한 일자리 관련 자료 정보와 획득은 매우 큰 도움이 된다고 증언하였다. 예컨대 한 참여자는 취업에 필요했던 컴퓨터 능력을 지역사회복지관 프로그램에 참여하여 배움으로써 필요한 자격증을 취득하였다. 북한이주민들에게 탈북 사건과 북한 사람이라는 사실은 그들을 한국사회의 소수자로 열등한 존재로 위치시킨다. 직업 면에서도 북한에서의 경력은 인정되지 않는 경우가 많고, 자격이 있다 하더라도 증명할 수 없는 경우가 대부분이다. 그러므로 그들은 직업훈련과 취업과 적응에 이르기까지 모든 것을 새롭게 시작(전주람, 신윤정, 2019)해야 하는 현실에서 북한이주남성들에게 취업과 일 유지는 매우 중요한 일상생활의 영역이 된다.

우리는 취업하는 게 가장 큰 문제예요. 대부분 직업 때문에 어려운 점이 많죠. 일하려고 하는 사람들에 한해서 직업을 잘 구할 수 있도록 해주는 정책이 필요해요. 그게 복지사가 해야 할 의무가 아닌가 싶어요. 여기 와서 다시 처음부터

시작해야 하는 게 직업이에요. 말투도 다르면 쳐다보고, 편견과 고정관념으로 어려운 게 많죠. (참 2)

남한 문화에 대해 알려주는 게 필요해요. 우리 사람들은 처음 와서 여기 뭐가 있는지 어떻게 돌아가는지 모르잖아요. 이 사회가 어떤지 깨닫는 게 제일 중요한 거 같아요. 솔직히 그 사람들 모르잖아요. 처음에 오면 아무것도 몰라요. 그렇다고 몇 년 있다고 다 아는 것도 아니고요. 시간이 지나도 남한 세상 물정 모르는 사람은 모르더라고요. 일차적으로. 우리 사람들은 "이렇게 해보실래요?" 라고 가르쳐주시고 하면 참 감사하죠. 가르쳐주고 감사하죠. 인간 세상에는 실패가 있을 수 있다고 설명도 해주고 자세히 알려줘야죠. 뜬금없이 한국에 가면 자유가 있고 천국생활이다. 이런 망상 같은 생각을 갖고 오면 곤란하잖아요. 그런 생각 갖고 오는 사람들도 분명 있거든요. 근데 그렇지 않잖아요. 자본주의 사회는 어떤 식으로 세상이 돌아간다는 걸 올바르게 알아야죠. 그래야 적응하고 살아갈 수 있잖아요. (참 3)

한국 와서 누구를 의지하겠습니까. 명절 같은 때 적적하고 하잖아요. 오며 가며 가보는 거죠. 연말마다 ○○ 선생님이 연말정산을 도와주셨어요. 컴퓨터를 봐도 어떻게 하는지 저 같은 사람은 몰라요. 감사합니다. 사회복지사가 얼마나 바쁩니까. 하지만 그렇게 만나 주시고 마음 써주시고 실제 도움이 되게끔 도와주시는 거, 그거만으로도 마음이 치유되는 겁니다. (참 4)

〈사람 간의 만남을 통한 일자리 정보 획득 및 동기부여〉

여기 처음 왔을 때요. ○○복지관에 가서 졸랐어요. 직업 못 구할 때. 복지사한테 무조건 가서 구해달라고 해요. 우린 갈 데가 없잖아요. 무조건 찾아가는 거예요. 사회복지사 옆에 가서 무조건 컴퓨터로 일자리 알아봐달라, 구해달라고 조르는 거죠. 선생님 전화로 심심하면 전화하는 거죠. 그럼 180도 달라져요. 저는 복지관 혜택을 많이 봤습니다. 직업 없으면 난 무조건 복지사를 찾아가요. 직업 해달라고 조르는 거죠. 그 사람들이 그런 걸 잘해요. 그럼 막 찾아가고 알려줘요. 발 벗고 나서면 이루어져요. 자꾸 전화하는 거죠. 전 그래서 구했어요. 복지관 선생님들 고생해요. 저는 사람들에게 가보라고 하고 그래요. 열심히 매달리는 사람이 성공해요. 한번 해보고 안 되면 포기하고 그러면 안 되죠. 의지가 중요해요. 직업이 없는 게 아니죠. (참 4)

3) 논의점

본 연구에서는 북한이주남성들의 지역사회복지관 이용 경험이 어떠한지에 관해 질적연구 방법론을 활용하여 지역사회복지관 이용 경험과 그 의미가 어떠한지 탐색하였다. 이 연구를 통해 실천적인 영역과 후속연구를 위해 몇 가지 시사점을 얻을 수 있겠다. 첫 번째로 연구참여자들에게 '복지'라는 용어는 생소하였다는 점이다. 아울러 복지관에서 자주 만날 수 있는 '나눔'의 풍경은 그들에게 초기에 낯선 장면이었을 뿐만 아니라, '사랑'과 '나눔'의 실천이 희망으로 이어질 수 있다는 사회적 이미지를 불러일으켰다.

연구참여자들은 탈북이라는 사건을 통해 남한과는 다른 문화적 맥락을 지니므로 언어, 사회 및 문화적 적응의 과업을 지니며, 복지의 영역에서 역시 남한 출신 사람들과는 다른 복지 용어에 대한 인식, 지역복지관 경험의 부재라는 사실을 일차적으로 이해할 필요가 있다. 따라서 북한이탈주민사업을 실시하는 지역사회복지관은 이용자들에게 공급자의 역할에만 치중되어서는 안 되며, 그들의 문화적 맥락을 고려하여 어떠한 욕구가 필요한지 파악하는 데 노력을 기울여야 한다. 한 예로, 북한이탈주민 사업을 담당하는 사회복지관 전문가들은 문화 탐방이나 견학 같은 일회성 행사로 그치는 데 주의하며, 실제 북한이주민들의 성장과 적응을 위해 필요한 것이 무엇인지 발견해나가야 할 것이다. 즉 연구참여자들이 언급한 바와 같이, '복지'는 서비스 주체자의 일방향적인 돌봄이 아닌 북한이주민 당사자들에게 실제 도움이 되는 실용적인 서비스여야 한다는 점이 매우 중요하다.

두 번째로 연구참여자들은 지역사회복지관 경험을 통해 심리정서 및 신체적 안정감을 획득해나가며 새로운 자신을 발견하고 성장해나갔다. 즉 연구참여자들은 지역사회복지관을 자기 생활 반경의 거점지대로 삼고 낯선 남한 땅에서 인적 네트워크를 형성해가며, 심리적 안정감을 찾아나갔다. 아울러 새로운 자신을 발견해나가며 남한사회의 일원으로 정체성을 확보해나간 것으로 해석된다. 본 연구의 참여자들은 탈북과정부터 입남하여 적응에 이르기까지 육체적 노동이 과한 업무를 해오며, 남한 출신 사람들의 차별, 편견 및 고정관념과 같은 경험으로 인해 수면장애(참 1), 우울증(참 3) 등 심리 정서적 문제를 경험한 것으로 나타났다. 이러한 상황에서 전문 심리상담은 아니지만 언제든 자신이 원할 때 연락할 수 있는 담당 사회복지사가 있다는 점과 '복지관'이라는 장소를 방문함으로써 자신이 필요한 정보를 얻을 수 있다는 사실은 그들에게 매우 큰 정서적 지지체계가 되어주었다.

세 번째로 연구참여자들은 지역사회복지관을 통해 일상생활 전반에 관한 정보를 획득하고 여러 취업관련 정보를 획득하였다. 이러한 결과는 북한이주민들이 자신의 미래 설계를 위해 자신에게 적합한 적성과 일자리를 찾아 사회의 일원으로 정착해나갈 수 있도록 하는 일이 매우 중요하다고 강조한 연구(박현식, 이옥진, 2017)와

일맥상통한다. 이를 위해 제도적 측면에서, 북한이주남성들이 남한사회에 보다 건강하게 정착하여 일상생활을 영위해나갈 수 있도록 민간 차원에서의 실효성 있는 복지서비스 확장이 필요하다. 북한이주민들은 일상생활에서 필요한 여러 정보가 필요할 뿐만 아니라 심리적, 문화적 적응을 위한 지원서비스가 필요하지만 실제 일정 기간 거주지보호담당관의 보호를 받는 제도 아래 있게 된다. 이러한 현실에서는 개인정보보호법 강화로 인해 지역사회복지관에서 신규 전입한 북한이주민들의 정보 파악에 한계를 지닐 수밖에 없다. 이 때문에, 북한이주민 사업을 수행하는 지역사회복지관은 북한이주민 사례 발굴을 위해 이전 복지관을 방문했던 북한이주민의 개인적 소개에 의존하는 한계점이 있다. 따라서 지역적응센터, 사회복지관 및 지역사회 관련 기관이 유기적으로 소통하고 사례를 의뢰하거나 정보를 공유할 수 있는 법적 체계 마련이 시급한 실정이다. 마지막으로 정책적 측면에서, 북한이주민들의 사회적, 문화적 통합을 위해서는 공공과 민간 차원에서 각 전문성 확보에 기반한 통합적 지원체계가 필요하다. 북한이주민의 수에 비례한 하나센터를 양적으로 추가 설치하는 것도 하나의 방법일 수 있겠지만 지역 내 다양한 민간기관과의 체계적인 연계를 통한 네트워크 구축이 매우 중요하다. 즉 민관이 수행하는 각 기관의 역할 고유성이 단편적으로 분절되지 않고 연속적인 통합적 체계를 갖추어나가는 것이 중요하다.

‖ 참고문헌

강주원. 2012. 중·조 국경 도시 단동에 대한 민족지적 연구. 서울대
학교 박사학위논문.

강주원. 2013. 나는 오늘도 국경을 만들고 허문다. 글항아리.

강현선. 2018. 성인기자녀의 부모의존 동거에 대한 사례연구. 한국기
독교상담학회지, 29(3), 9-52.

고기숙. 2003. 중년기 남성의 심리적 위기에 관한 연구. 성균관대학교
박사학위논문.

권수현. 2011. 북한이탈주민에 대한 남한국민의 태도. 韓國政治硏究,
20(2), 129-153.

김경옥. 2002. 북한이탈주민의 남한사회 적응을 위한 사회복지적 대
응방안에 관한 연구: 생활실태와 욕구조사를 중심으로. 경희대
학교 행정대학원 석사학위논문.

김연정·남현주. 2013. 북한 복지체제의 성립과 변동-복지제공 주체
의 변화를 중심으로. 아시아문화연구, 31, 97-136.

김용태·배철효. 2010. 북한이탈주민의 지역사회적응과 생활지원 방
안. 한국경찰학회보, 12(3), 81-116.

김윤하. 2004. 지역복지관의 북한이탈주민 지원프로그램 실태와 개선
방안. 동국대학교 석사학위논문.

김형용. 2013. 지역사회기반 서비스와 사회복지관-사회서비스 공급
체계에 대한 비판과 대안 찾기. 한국사회복지행정학, 15(1),
169-195.

김혜선·김은하. 2010. 이혼한 여성 한 부모 어머니의 경험: 삶의 위
기에서 시작된 경험들. 한국위기관리논집, 6(1), 219-242.

김효진. 2013. 탈북자를 위한 의미요법 집단상담 프로그램. 서울신학
대학교 석사학위논문.

박영희 · 정순돌 · 배진형. 2012. 복지관의 북한이탈주민가족 사례관 리모델구성을 위한 탐색적 연구. 한국가족복지학, 17(4), 87-113.

박현식 · 이옥진. 2017. 북한이탈주민의 헌법상 사회적 기본권 실현을 위한 북한이탈주민의 보호 및 정착지원에 관한 법률 개정 논의. 법학연구, 17(1), 279 - 299.

박현정 · 김윤수 · 박호란. 2011. 근거이론을 이용한 새터민 어머니 양육경험의 변화과정. 아동간호학회지, 17(1), 48-57.

보건복지부. 2015. 사회복지관 운영관련 업무처리 안내. 봉동연. 2015. 중년여성의 이혼 위기 경험연구. 백석대학교 박사학위논문.

보건복지부 · 국민안전처 · 법무부 · 행정자치부 · 농림축산식품부 · 여성가족부. 2015. 생애주기별 맞춤형복지 완성과 안전한 국민 생활 여건 조성을 위한 2016년도 민생안정 지원 주요 사업 추진. 세종: 보건복지부.

성준모. 2010. 저소득층 중년여성의 관계만족과 자아존중감이 우울에 미치는 영향에 대한 종단 연구. 보건사회연구, 30(2), 110-133.

송지은. 2006. 성인자녀와의 관계가 부모의 정신건강에 미치는 영향: 미국 종단자료의 분석. 한국노년학, 26(3), 581-599.

신인영. 2014. 탈북여성 한 부모의 어머니역할에 관한 연구. 숙명여자 대학교 석사학위논문.

신정은. 2012. 성인지적 관점에서 본 북한이탈여성 정착지원 법제 분석. 統一과 法律, 9, 123-152.

오유진. 2006. 새터민이 외상경험과 수치심에 따른 외상 후 스트레스. 전남대학교 석사학위논문.

유해숙 · 이현숙. 2014. 북한이탈주민과 남한주민의 인식 비교연구: 인천지역을 중심으로. 인천학연구, 20, 325-365.

이민영. 2005. 남북한 이문화 부부의 가족과정 경험에 관한 질적 연구: 내러티브 탐구방법을 활용하여. 이화여자대학교 박사학위논문.

이승진. 2006. 중국 내 북한이탈여성 인권보호에 관한 연구: 인신매매와 강제송환 문제를 중심으로. 숙명여자대학교 석사학위논문.

이인숙 · 박호란 · 김윤수 · 박현정. 2011. 북한 이탈 아동의 신체 및 심리적 건강상태 평가. 아동간호학회지, 17(4), 256-263.

이철우. 2013. 북한이탈중년남성의 사회적 자본 형성에 관한 연구. 북한대학원대학교 박사학위논문.

이학인. 2015. 북한이탈주민에 대한 사법적 지원 방안에 관한 연구. 사법정책연구원.

임상순. 2000. 북한이탈주민 지원정책에 관한 연구. 서강대학교 석사학위논문.

임인숙. 2013. 중 · 하층 중년여성의 경제활동과 건강자원: 심리적 자원과 사회적 지지의 축적 맥락. 한국여성학, 29(2), 143-187.

장명선. 2010. 결혼이민여성의 경제적 자립을 위한 관련법 정책에 대한 소고. 한국지방자치법학회, 10(2), 183-221.

장혜경 · 김영란. 2000. 북한이탈주민가족의 가족안정성 및 사회적응과 여성의 역할. 서울: 한국여성개발원.

전경주, 2015. 북한이탈주민 면접조사의 신뢰성 제고 방안. 서울: 한국국방연구원.

전영평 · 장임숙. 2008. 소수자로서 탈북자의 정책개입에 관한 분석: 정체성, 저항성, 이슈확산성을 중심으로. 정부학연구, 14(4), 239-268.

전우택. 2008. 남한 내 새터민 사회적응의 새로운 패러다임: 그 좌절과 희망.의학행동과학, 7(1), 49-55.

전주람·신윤정. 2019. 북한이주민들의 남한사회에서 직장 유지경험에 대한 질적사례연구. 통일과 평화, 11(2), 351-397.

전주람·임해영. 2018. 탈북싱글맘들의 어머니 경험에 관한 연구-20대 성인자녀를 중심으로. 한국가족복지학, 62(0), 141-169.

전주람·정효숙·김성미. 2021. 북한이주남성들의 지역사회복지관 이용경험에 관한 연구. 문화와 융합, 43(8), 553-578.

정해숙. 2012. 성인지적 관점에서의 북한이탈주민지원 정책 추진체계 구축. 서울: 한국여성정책연구원

조정아·임순희·노귀남·이희영·홍민·양계민. 2010. 북한 주민의 의식과 정체성: 자아의 독립, 국가의 그늘, 욕망의 부상. 서울: 통일연구원.

최여진·이재림. 2014. 성인자녀에 대한 아버지와 어머니의 도구적 지원 관련 요인. 한국가정관리학회, 32(5), 87-105.

통일부. 2022. http://www.unikorea.go.kr.

홍나미·이인정·김고은·박근혜·최여희. 2010. 북한이탈여성의 자녀양육 경험에 관한 근거이론접근. 사회복지연구, 41(1), 307-343.

홍승아·김소영·박정란. 2012. 북한이탈여성의 부모역할 강화방안 연구. 서울: 한국여성정책연구원.

홍승아. 2012. 북한이탈여성의 부모역량 강화: 가족-학교-지역사회의 연계를 중심으로. 서울: 한국여성정책연구원 이슈페이퍼.

홍승아. 2013. 가족 관점에서 본 북한이탈여성의 정착과제: 자녀양육을 중심으로. 통일문제연구, 25(2), 173-205.

Creswell, J. 2003. Research design. Qualitative, quantitative and mixed methods approaches(2nd Edition). CA: Sage.

Herriott, R., & Firestone, W. 1983. Multisite Qualitative Policy

Research: Optimizing Description and Generalizability. Educational Researcher, 12, 14-19.

Jean Clandinin. 2015. 내러티브탐구의 이해와 실천. 교육과학사. (역자: 염지숙, 강현석, 박세원, 조덕주, 조인숙).

John W. Creswell. 2010. 질적 연구방법론: 다섯 가지 접근. 학지사. (역자: 조흥식, 정선욱, 김진숙).

Mostyn, B. 1985. The content analysis of qualitative research data: A dynamic approach. In M. Brenner.

Robert K. Yin. 2014. Case Study Research Design and Methods (5th ed.). Thousand Oaks, CA: Sage.

Seidman. Irving. 2013. Interviewing as Qualitative Research: A Guide for Researchers in Education and the Social Sciences. Teachers College Press: New York.

권 진
(예명대학원대학교)

제3장

북한이주민에 대한 한국의 복지정책과 향후 방향성

누가 복지의 '적정한' 수혜자가 되는가? 이는 한국과 같이 세금을 '내는 사람'과 복지 혜택을 '받는 사람'으로 명확하게 구분되는 복지 체제하에서 끊임없이 논쟁이 되는 부분이다. 손쉽게 표현하자면, 내가 낸 세금을 왜 가난하고 어려운 사람들에게 쏟아부어야 하는지와 관련된 문제이다.

역사적으로 볼 때 복지는 가난하고 취약한 계층에 우선적으로 제공되어 왔다. 영국의 엘리자베스 1세 여왕은 구빈법을 공포하여 빈민에 대한 구제를 정책화시킨 최초의 군주인데, 당시 구빈법은 구제라기보다는 통제에 가까운 법안이었다. 여기에는 몇 가지 믿을 만한 근거가 존재한다. 우선 빈민을 '노동능력이 있는 사람'과 '노동능력이 없는 사람'으로 구분하여 다르게 대우했다는 점이다. 노동능력이 있는 빈민은 작업장에 보내져 강제노동에 투입되었고, 노동력을 제공함으로써 그나마 구성원으로서 가치를 인정받을 수 있었다. 한편 노동능력이 없는 빈민, 즉 노인이나 장애인 등과 같이 노동력을 제공하기 어려운 사람은 최저 수준의 구제를 받으며 격리된 생활을 할 수밖에 없었다.

구빈법이 제정되기 이전만 하더라도 빈민에 대한 구제나 감독은 체계적이지 않았다. 군이 국가에서 나서야 할 문제가 아닌 것으로 인식되었다. 한편 어느 시점부터 빈민이 급격하게 늘어나게 되었는데, 이러한 사회경제적 배경은 산업의 변화와 그로 인한 대량 실업의 발생이라고 볼 수 있다.

농경사회였던 당시 영국은 양모를 활용한 모직 사업으로의 전환이 이루어지고 있었다. 영주들은 더 많은 이익을 위하여 기존의 농경지를 양을 키우는 목축지로 바꾸었고, 농사를 지으며 살아가던 많은 사람이 산업과 직업의 변화에 대응하지 못한 채로, 사회경제적인 추락을 맞닥뜨리게 되었다. 경작지를 잃고 삶의 터전을 잃은 사람들은 어찌할 방법도 없이 그렇게 빈곤의 나락으로 떨어졌다.

영국사회 전반에 걸쳐 거대한 경제적인 변화가 나타났고 이는 자연스러운 흐름이었다. 그러나 사회적인 측면에서는 경제적 변화에 적절하게 대처하지 못한 빈민이 크게 증가하였고 이들은 먹고 살길이 막막해지자 범죄집단으로 바뀔 수밖에 없었다. 직업을 구할 수 없어서 강도가 되었다는 표현으로는 부족하다. 일할 곳이 없고 고용하려는 자가 없으며 새로 무언가를 다시 시작할 만한 환경 자체가 허락되지 않았을 때의 무력감과 절망감이 스스로를 반사회적인 위치로 내몰았다는 표현이 더 정확할 것이다. 영국은 이러한 빈민들을 국가의 계획된 관리체계 안으로 집어넣고자 하였고 그렇게 탄생한 것이 구빈법이었다.

복지국가라는 단어 자체는 구빈법의 나라 영국에서 제2차 세계대전 당시에 탄생하였다. 제국주의에 맞서 싸우던 영국의 처칠 수상은 전쟁 승리를 위한 국가적 희생 이후에 시민들의 요람에서 무덤까지를 책임지는 복지국가의 건설을 약속하였다. 그러나 구빈법에 내재된 빈민들에 대한 통제적인 인식과 부정적인 이미지는 해소되지 못한 채로 사회 전반에 뿌리 깊게 남아 있었다.

복지국가를 건설하거나 폭넓은 복지서비스를 제공한다는 것 이면에, 복지의 주된 대상자가 되는 사회적 취약계층에 대한 편견이나 고정관념은 여전히 복지의 증대를 가로막는 주요한 요인이 된다. 한국사회만 보더라도 국가에 세금을 내는 사람들은 건전하고 생산적인 시민으로 간주되는 반면, 누군가로부터 도움을 받는 이들은 도움을 받아야 할 대상임과 동시에 사회의 도움 없이는 살아갈 수 없는 사회 부적격자 또는 부적응자로 인식되는 경향이 심화되고 있다. 심지어 사회의 건강성을 해치고 복지에 대한 의존만으로 살아가는 비정상자라는 가혹한 비판의 대상이 되었다.

실제로 그러한가? '가난은 나라님도 구제하지 못한다'라는 옛말은 지금도 유효한가? 그렇다면 자유를 찾아 대한민국으로 내려온 '가난한' 북한이주민에게도 동일한 잣대를 들이밀 수 있는가? 결론부터 이야기하자면, 가난한 사회적 취약계층에 대한 많은 이들의 인식은 편견과 고정관념에 불과하고 오히려 사회의 건강성을 해치는 불필요한 에너지의 소모이다.

인권과 사회복지의 역사를 보면, 그 사회에서 가장 열악한 계층에 대한 사회적 보장이 실천될 때에 전반적인 사회의 안정성이 올라간다는 것은 반박하기 어려운 사실이다. 이러한 맥락에서 이 장에서는 북한이주민에 대한 한국의 복지정책에 대한 이해와 북한이주민에 대한 복지정책의 과거, 현재, 미래에 대한 이해를 도모하고자 한다.

1. 복지정책의 대상자로서 북한이주민

대한민국의 복지는 국민에게 주어지는 권리이다. 그렇다면 탈북하여 대한민국에 들어와 있는 사람들을 어떻게 바라보아야 하는지에 대한 의문점이 발생한다. 따라서 입남한 북한이주민에 대한 법적 지위를 살펴보는 것이 우선되어야 할 것이다. 구체적인 질문은, 과연 북한이주민도 대한민국 국민인가? 그리고 이들에게도 제도적인 수준의 복지를 제공하여야 하는가?라고 할 수 있다.

우선 「북한이탈주민지원법」 제1조에서는 '이 법은 군사분계선 이북지역에서 벗어나 대한민국의 보호를 받으려는 군사분계선 이북지역의 주민이 정치, 경제, 사회, 문화 등 모든 생활 영역에서 신속히 적응·정착하는 데 필요한 보호 및 지원에 관한 사항을 규정함을 목적으로 한다'라고 되어 있다. 제2조에서는 '북한이탈주민이란 군사분계선 이북지역에 주소, 직계가족, 배우자, 직장 등을 두고 있는 사람으로서 북한을 벗어난 후 외국 국적을 취득하지 아니한 사람을 말한다'이며, 제3조에서는 '이 법은 대한민국의 보호를 받으려는 의사를 표시한 북한이탈주민에 대하여 적용한다'라고 명시되어 있다. 즉 북한이주민은 공식적으로는 북한 국적을 가졌지만, 군사분계선을 기준으로 북쪽을 지칭하는 이북이 한반도의 일부라는 관점에서 보아 대한민국 국민의 지위를 적용할 수 있다.

이에 대한 근거로 대법원 판례와 헌법재판소의 판단을 살펴보자. 대법원의 과거 판례를 보면 북한 정권을 반국가단체로 취급하고 있으며, 북한이주민을 남한 국민에 포함시킨 판결이 존재한다.

또한 헌법재판소에서도 북한이주민을 남한의 국민으로 보아 이들이 대한민국 국민으로서 정상적인 삶을 살 수 있도록 보호와 지원이 필요한 것으로 여겼다.

이러한 맥락에서 보면 북한이주민은 별다른 이견 없이 대한민국 국민의 지위를 가진다. 다만 탈북하여 중국이나, 러시아 등에 불법으로 체류할 경우에는 해당 국가들과 체결된 조약에 따라서 북한으로 강제 추방된다. 이 경우에도 대한민국은 재외국인 보호 정신에 의하여 북한을 벗어난 북한 주민의 신변안전을 강구하고 그들을 보호 · 지원할 필요가 있다고 본다(이상철, 1997; 한명진, 2020). 대한민국 헌법 제2조 제2항이 '국가는 법률이 정하는 바에 의하여 재외국민을 보호할 의무를 진다'이며, 「북한이탈주민지원법」 제4조 제2항이 '대한민국은 외국에 체류하고 있는 북한이탈주민의 보호 및 지원 등을 위하여 외교적 노력을 다하여야 한다'임을 고려할 때, 현행 법률상의 취지는 북한이주민을 대한민국의 국민임을 시사하는 것으로 볼 수 있다. 즉 「북한이탈주민지원법」에서 언급하고 있는 북한 주민은 공식적으로는 북한의 공민권을 가진 사람이나, 대한민국의 법률상 대한민국 국민이 되며, 북한이주민은 단지 북한의 관할권을 벗어난 사람임을 의미한다(제성호, 2002).

한편 현실에서는 다양한 난관에 봉착해 있다. 가장 광범위하게 퍼져 있는 문제는 북한이주민을 대한민국의 국민으로 받아들이지 않는 국민 다수의 저변 인식이라고 할 수 있다. 2020년도 북한이탈주민 사회통합조사에 따르면, 해당 조사에 응답한 북한이주민의 18.0%가 차별 또는 무시를 당한 경험이 있다고 하였다. 이는 2019

년에 대비해서 0.8%p 높아진 수치이며, 향후 북한이주민에 대한 차별이나 무시가 나타나지 않도록 남한 원주민들에 대한 다양한 개입이 필요함을 시사한다. 그러한 차별 또는 무시의 이유로는 '문화적 소통 방식이 다르기 때문'이라는 인식이 74.9%로 매우 높은 수치를 보였으며, 다음으로는 '북한이탈주민의 존재에 대한 부정적 인식'이라는 응답이 44.3%로 높은 수준이었다. 흥미로운 것은 '언론의 부정적 보도의 영향'이라는 인식 수준이 19.3%로 높다는 점인데, 이는 2019년 12.6%인 것에 비해서 5.7%p 높아진 수준으로 항목 중에 가장 큰 폭의 상승을 보였다. 언론이 남한 사람들의 인식을 정확하게 반영하는 것은 아니며, 언론사마다 다른 입장을 취하고는 있으나 실제로 남한 사람들과 내밀한 접촉이 어려운 북한이주민의 입장에서는 언론에서의 보도 내용을 통하여 남한의 부정적 인식을 가늠할 수 있으리라고 생각한다. 또한 '전문적 지식과 기술 등에 있어서 남한 사람에 비해 능력 부족'이라는 응답이 16.8%로 나타났는데 이러한 응답 수치는 2019년에 비해 6.1%p 낮은 것이다. 이는 북한이탈주민이 남한에서의 적응력이 높아졌고 나름대로 기술이나 지식 등에 있어서 도움이 될 만한 정보들을 많이 습득한 것으로 추측해볼 수 있다. 특히 최근에는 북한이주민이 대한민국 국회의원으로 선출되는 등 사회 진출에 있어서도 괄목할 만한 변화가 나타났다는 점에서 향후 북한이주민들이 남한사회 곳곳에서 존재와 정체성을 보일 일들이 많아질 것이라고 본다.

이상의 논의를 정리해보면, 법률상 북한이주민은 대한민국 국민의 지위를 부여받으며 국민으로서 복지의 권리를 누릴 수 있다.

그러나 법적, 이론적 논의의 당위적인 부분만으로 현실에서도 반드시 그러한 것은 아니다. 공적인 영역에서 법률이 적용되는 것이 법치주의 국가에서 당연한 일이지만, 우리가 매일을 살아가는 현실에서는 넘어야 할 산이 많이 있다. 법으로 정해져 있다고 해서 그러한 권리를 체감하기까지 다양한 차원의 차별이나 고정관념을 넘어서야 하는 부분이 있고, 이는 그 특성상 단기간에 해결하기 어려운 문제이다.

다행히 사회복지의 대상자로서 법적 지위를 갖추었다는 것은 대단히 중요한 기본 조건이다. 다만 이를 하루빨리 구현시키기 위하여 보다 다차원적인 논의가 뒤따라야 한다. 어떠한 제도의 도입을 통하여 그 제도하에 있는 구성원들의 행동을 바꿀 수는 있겠지만, 궁극적으로 태도의 변화로 이어지기 위해서는 오랜 시간 동안 사회문화적 토양을 바꾸고 꾸준하게 관심을 기울여야 할 필요가 있다. 그러한 관점에서 노력을 경주해야 할 부분이 바로 북한이주민과 원주민의 '사회통합'이다.

사회통합은 일상적으로 자주 나타나는 용어이기는 하나 그 개념을 살펴보면 다소 광범위하고 추상적이다. 통상 개인과 가족을 미시체계, 지역사회를 중간체계, 국가와 제도를 거시체계라 할 수 있다. 거시적인 차원에서 사회통합은 정치경제적인 체계들의 통합으로 볼 수 있으며, 미시적인 차원에서는 개인의 적응, 관계 형성과 유지에 이르기까지 매우 다양하게 적용될 수 있다.

거시적인 차원의 사회통합에 대해서 Kreckel(1999)은 정치와 경제 제도의 통합인 체제통합과 사회적 연대에 기반하여 심리적으로 통합하는 가치통합을 주장한 바 있다. 현시점에서 북한이탈주민에 대한 사회통합을 이야기함에 있어서 중요한 것은 체제통합이라기보다는 가치통합일 것이다. 보다 구체적으로, 가치통합은 대한민국 영토에 거주하고 있었던 원주민과 북한 영토를 떠나 대한민국으로 편입된 북한이탈주민이 하나의 사회구성원으로서 서로의 가치를 인정하고 알아가며 공존하는 것이라고 할 수 있다.

사회통합에 대해서 연구하는 학자들마다 Social Cohesion이라고 표현하거나 Social Integration이라는 용어를 사용하기도 한다. 용어의 뉘앙스상 전자는 화학적 결합까지도 포함하며, 후자는 체제나 조직의 조화라는 측면이 보다 강조된다. 관점에 따라 다를 수 있지만, Integration을 통하여 Cohesion에 이르는 것이 진정한 사회통합의 과정이자 결과라고 생각된다. 한편, 사회통합에 이르기 위해서 다양한 과제들이 있으나 우선 표면 위로 떠오르는 것이 북한이주민과 남한 주민 간의 사회적 갈등을 어떻게 극복할 것인지에 관한 것이다.

원주민과 이주민의 사회통합의 관점에서 보자면, 사회적 갈등은 원주민 사회에 이주민의 정착 과정에서 나타난다. 한국의 경우 이주민의 국내 정착을 허용하고 있지 않기 때문에 이주민의 정착과 관련하여 나타난 사회적 갈등의 경험은 서구의 역사와 비교했을 때 그리 많은 편은 아니다.

서구 선진 국가들은 이미 저출생과 고령화의 현상을 겪으며 적극적으로 이민자를 받아들여 왔다. 그들은 자본화, 산업화, 도시화의 시기를 먼저 경험함에 따라 지금 대한민국이 겪고 있는 고령화의 문제와 저출생으로 인한 인구적 지속가능성의 심각성을 일찍이 고민해왔다. 따라서 이들 국가는 기존의 인구구조에 맞추어진 사회경제적 시스템을 유지하기 위하여 이민자를 받아들인 것으로 평가된다. 그 과정에서 자연스럽게 이주민에 대한 관점과 사회적 갈등에 대한 입장이 몇 가지 유형으로 구분되었다. 대표적으로 Castles & Miller(2003)는 이주민보다 원주민의 입장을 우선시하는 차별·배제모형(difference exclusionary model)과 동화주의 모형(assimilationist model), 그리고 앞선 두 가지 모형에 비하여 이주민들의 정체성과 문화적 차이를 존중하는 다문화주의 모형(multi-cultural model)으로 유형을 분류한 바 있다.

　다문화정책의 유형을 구분하는 것은 왜 필요한가? 우선 현실적으로 반면교사의 기능을 가진다고 할 수 있다. 대부분의 선진 국가들이 자본주의와 민주주의라는 경제적, 정치적 시스템을 갖추어 절대적 빈곤에서 벗어난 상황에서 인구적으로 지속 가능하지 못하고 돌봄의 공백이 생기는 등 새로운 차원의 사회적 위험이 심화되고 있다. 이러한 맥락에서 기존의 민족의 개념이 허물어지고 다인종, 다민족으로 구성된 국가를 물리적으로 이루어가는 노력이 나타났다. 물론, 미국과 같이 태동 시기부터 이주민이 정착민을 밀어내고, 또 다른 이주민의 유입이 이어져 국가의 탄생 초기부터 다인종·다문화가 형성된 국가도 존재한다. 하지만 대부분은 미국과는 다른 경로로 다문화 사회가 되었고 지금까지도 다문화 이슈와 관련된 사건 사고가 종종 언론을 통해 나타난다.

　다문화정책의 유형 분류의 중요성으로 다시 돌아가면, 각 국가

마다 처한 경제적, 사회적, 정치적 조건과 배경에 따라 어떠한 입장에서 다문화 국가를 만들어 가느냐가 다르고 시기별로 제도적 개입의 정도와 그로 인한 사회적 갈등의 여파가 다르게 나타난다. 따라서 이를 거울삼아 대한민국의 다문화 관련 논의에 참고하는 것은 대단히 중요한 부분이다.

간략하게 다문화정책별로 어떠한 성격을 가지는지 살펴보면 다음과 같다. 우선 '차별배제모형'이다. 이 모형에서 강조하는 중심축은 '인종'이라고 할 수 있다. 또는 '민족'의 관념이 투철한 국가들에서 종종 나타나는 다문화정책이다. 차별배제모형을 채택하는 국가들은 이민자와 그 후손을 국가의 한 구성원으로 받아들이는 것에 대한 거부감을 가진다. 차별배제적 성격의 다문화정책하에서는 폐쇄적인 이민정책을 보이며, 귀화와 같은 이슈에서도 매우 엄격하게 제한적이다. 차별배제모형을 채택하여 적용하는 국가는 이민에 있어서 소극적인 것을 넘어서 차별적인 성격을 보인다. 즉 차별배제의 주체는 원주민이 되고, 차별배제를 당하는 것이 바로 이주민이다. 한편, 차별배제모형이라고 해서 이주민의 입국 자체를 거절하는 것은 아니다. 이민자를 사회경제적으로 가장 하층에 있는 일자리 노동자로 유입하거나 특정 경제적 목적으로만 받아들인다. 일반적으로 절대적인 빈곤을 벗어나서 삶의 질이 높아진 국가에서 해당 국민들이 어렵고 힘들고 급여가 적은 일자리를 기피하기 때문에 이러한 일자리에 필요한 노동력을 수급하기 어렵다. 한편 그러한 일자리가 사회에서 가장 기본적인 인프라로서 유지 관리되어야 하기 때문에 일자리 자체를 폐기할 수는 없다. 따라서 소위 3D

업종으로 인식되는 일자리에 이주민들을 허가한다. 그럼에도 불구하고 이들에게 국가에서 제공하는 복지 혜택이나 영주권, 시민권, 선거권 및 피선거권과 같은 경제적, 사회적 차원의 공동체 참여는 주어지지 않는다. 이주한 국가에서 정착이 불가능하나 일부 힘든 노동시장에 참여함으로써 이중적인 권리를 인정받을 뿐이다(일부 고소득, 고학력의 이주민을 제외하고). 결국 이주민은 사회의 일부로 여겨지지 않으며 한 구성원으로서 인정받지 못한다.

이러한 차별배제모형은 국가나 민족의 정체성이 강한 일부 국가들에서 많이 찾아볼 수 있었다. 하지만 최근으로 올수록 세계화와 경제의 전 지구화가 촉진됨에 따라 차별배제모형을 고수하는 국가는 거의 찾아보기 힘들다. 차별배제모형이 태생적으로 가지는 차별과 배제라는 부정적인 효과는 이주민이 아무리 후진국 출신이라고 하더라도 비인격적이며 오래 지속되기 힘든 한계를 분명히 보여주기 때문이다. 더욱이 선진 국가들이 겪고 있는 저출생 고령화의 문제로 인해서 점차 흔들려가는 사회구조를 지탱하기 위한 방편으로 다문화정책이 주목받는 상황에, 이주민을 차별하고 배제하는 것은 정책 도입의 기본적인 맥락과 전혀 동떨어진 성격이라고 할 수 있다. 오히려 더욱 우수하고 친화적인 이주민을 자국으로 유치하기 위한 노력이 실제 정책적 목적을 달성하는 데 도움이 된다는 분위기이다.

다음으로 동화모형을 살펴보자. 동화모형의 기본적인 성격은 이민자를 인정하되 유입국의 사회적, 경제적, 문화적 토양에 적응을 시키자는 것이다. 구체적인 목표로서 이주민이 유입 국가의 언어나 문화 사회적 특성에 맞추어 정착함으로써 해당 국가의 일원으로서 자리매김하는 것이라고 하겠다. 즉 이주민이 원주민에 문화적으로 동화되어 이질감이 없는 존재로 탈바꿈되기를 원한다. 이는 차별배제모형과는 다르게 이주민의 정착과 시민권 획득 등 기회의 측면에서 더 열려 있다는 차이를 보인다. 동화주의모델을 채택하는 사회에서 이주민은 이론상 유입국의 지역사회에서 섞여서 사는 것이 묵시적으로 전제되어 있다.

마지막으로 사회통합모델이 존재한다. 기존의 차별배제모형은 이주민들에게 호의적인 정책이 아니었으며, 원주민들에게도 쉽게 동의를 얻을 만한 것은 아니었다. 왜냐하면 선진국들에서 시민들의 삶의 질의 상승과 함께 인권이나 세계시민의식과 같은 보편적 가치가 일상에서 중요하게 논의될 만큼 저변에 깔린 인식의 수준이 높기 때문이다. 즉 이주민이기 때문에 차별/배제를 하거나 무조건적으로 원주민의 문화에 동화되어야만 한다는 논리를 대부분의 사람들이 무분별하게 받아들이기 어려운 점이 있었다. 이러한 맥락에서 사회통합모델은 다문화모형(multi-cultural model)이라고 불리며 이민자들이 자신들의 문화적 정체성과 관습을 공식적으로 인정받고, 기존의 원주민들과 공존하는 것을 목표로 삼는다. 1970년대 이후 캐나다나 호주 같은 국가는 기존에 고수하던 동화주의적 다문화정책을 과감하게 벗어던지고 사회통합적 다문화정책으로 선회한 결과 이주민과 원주민 간의 사회적 갈등을 보다 효과적으로 완화시키게 되었다는 평가를 받는다(설동훈, 2008).

한가지 짚고 넘어가야 할 부분은 이러한 다문화정책의 유형이

한 국가 안에서 고정된 것은 아니라는 것이다. 앞서 논의한 다문화정책 유형들은 이주민이 누구냐에 따라서 두 가지 모형이 동시에 존재할 수도 있고 시차를 두고 변화하기도 한다. 나름대로 자국민 우선주의의 논리에 따라 동화주의에서 시작하였다면, 원주민과 이주민 간의 갈등 국면을 거쳐 다문화주의로의 방향성을 가지게 됨에 따라서 두 가지 혹은 세 가지의 다문화정책 유형을 동시에 보일 수 있다는 것이다. 동화주의라는 다소 강압적인 정책 유형에 매몰되지 않고 이주민의 고유한 문화를 인정하는 다문화주의로 연착륙하는 것이 필요하다.

북한이주민을 바라보는 관점과 사회적 분위기, 사회적 갈등의 크기와 여파 등에 따라서 정책적 관점이 바뀔 수도 있고 견고하게 유지될 수도 있다. 보다 중요하게 다루어져야 할 부분은 북한이주민에 대한 남한 주민들의 인식이다. 앞서 살펴본 바와 같이 다문화정책 유형은 폐쇄적이고 강압적인 순으로 차별배제모형-동화모형-사회통합모형으로 순서 지을 수 있는데, 결국 오랜 시간 동안 다른 사회경제적 체제하에서 확연하게 다른 문화적 감수성을 지닌 북한이주민에 대하여 어떠한 유형의 정책적 개입을 실시하고 현실의 원주민-이주민 관계에서 어떠한 분위기를 갖추느냐를 종합적으로 고민하여야 한다.

2. 북한이주민의 적응 · 정착 실태

앞서 살펴본 바와 같이 북한이탈주민의 남한 정착과 관련된 이슈로 사회통합이 중요한 과제이며, 다문화정책 유형에 따라서 북한이탈주민에 대한 관점이 상당히 달라진다는 것을 알 수 있었다. 한편 좀 더 깊숙이 들어가보면 또 다른 차원의 쟁점이 존재한다. 북한이탈주민을 완전한 다문화로 보기 어렵다는 것과 내적으로는 민족적 동질감이 완전히 사라진 것이 아니라는 점이다. 이는 북한이탈주민에 대한 남한 이주와 정착, 사회통합의 관점이 현실에서는 민족적 정체성을 토대로 한 동화주의적 접근과 세계시민 담론을 토대로 한 사회통합적 접근이 적용될 가능성을 가진다. 주지하듯이 동화주의적 성격의 접근은 남한 주민과 북한이탈주민을 주는 자와 받는 자로 이분화시킨다는 부작용이 클 것으로 예측된다(김화순 · 최대석, 2011). 반면 사회통합적 접근은 이론상 남한 주민들이 시민의식에 입각하여 북한이탈주민의 다름을 인정하고 남한의 사회경제적 시스템에 안착할 수 있도록 함께하는 다소 이상적인 미래를 제시한다.

그렇다면 정작 현실에서는 어떠한 모습으로 북한이탈주민의 남한사회에 대한 적응과 정착이 나타날까? 국내에서 수행된 여러 연구 결과에 따르면 남한에 거주하는 북한이탈주민의 약 30%가 중고령층에 속할 정도로 고령화의 증가 추세가 빠르며, 이들은 남한사회의 새로운 경제적, 문화적 적응에 있어서 어려움을 겪는 것으로 나타났다. 그도 그럴 것이 오랜 시간 거주하던 익숙한 환경에서 목숨을 걸고 벗어났는데, 남한의 사회경제적 환경은 서구 선진국과 많이 닮아 있기 때문에 그러한 현실적인 괴리감이 상당히 크다는 것은 어렵지 않게 짐작할 수 있다.

이러한 논의들에 연계하여 실증적인 데이터를 통해서 몇 가지 내용을 짚어보자. 통계청에서 매년 제공하는 북한이탈주민실태조사 데이터를 활용하여 최근 5년간의 남한사회에 대한 적응 및 정착 정도를 살펴보면 다음과 같다.

1) 생활 안정 영역

다음의 〈표 1〉은 통계청에서 제공하는 북한이탈주민실태조사 데이터를 활용하여 최근 5년간(2017~2021년)의 남한생활만족도의 변화 추이를 분석한 결과이다. 남한생활만족도에 대한 긍정적 응답, 즉 '매우 만족'과 '만족'한다는 응답을 합한 수치로서 조사대상 인구의 전체적인 응답 수치를 비롯하여 성별, 연령대별, 남한 거주기간별로 구분하여 제시하였다. 전체적으로 보면 긍정 응답이 70%를 상회하고 있으며, 2018년 이후 점차 더 높아지고 있었다. 성별로 보면 여성이 남성에 비해 남한생활만족도가 높은 편이었고, 남성은 2020년에 77.1%가 긍정적으로 응답하였다가 2021년 들어 73.4%로 약간 감소하였다. 연령대별로 보면 15~19세가 80%를 웃도는 수준으로 가장 높았고, 남한 거주기간별로 보면 10년 이상 거주자의 긍정적 응답이 가장 높았다.

<표 1> 남한생활만족도(매우 만족+만족)

구분		2017	2018	2019	2020	2021
전체	소계	73.6	72.5	74.2	76.4	76.5
성별	남자	69.5	69.4	71.9	77.1	73.4
	여자	74.9	73.5	75.0	76.2	77.6
연령별	15~19세	79.8	84.6	85.2	80.0	85.0
	20대	72.7	66.9	71.3	78.3	80.2
	30대	70.2	70.5	70.9	76.9	74.4
	40대	71.9	72.8	75.3	73.8	77.4
	50대	77.2	72.5	73.1	75.2	73.5
	60대 이상	83.6	84.9	83.8	81.1	79.2
남한 거주 기간별	3년 미만	70.4	73.1	73.2	74.6	75.6
	3~5년 미만	72.4	68.9	71.4	79.5	74.4
	5~10년 미만	72.8	70.5	74.6	75.8	77.4
	10년 이상	76.7	76.0	74.9	77.0	76.5

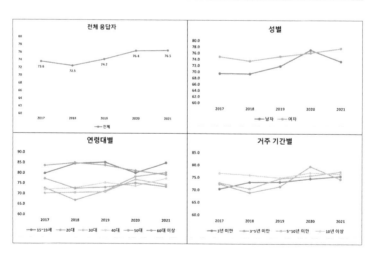

다음의 〈표 2〉는 사회경제적 지위에 대한 주관적인 인식으로서, 자신의 사회경제적 지위가 최하층, 하층, 중하층 정도라고 응답한 비율이다. 전체적으로 보면 2018년을 기점으로 사회경제적 지위 인식에 있어서 중하층 이하의 인식이 낮아짐으로써 점차 긍정적인 방향임을 알 수 있었다. 성별로 보면 여성이 남성에 비해 사회경제적 지위 인식이 높은 편이었다. 연령대별로 보면 30대의 인식이 가장 긍정적이었으며, 남한 거주기간이 길수록 사회경제적 지위 인식이 높았다. 반면 남한 거주기간이 짧은 북한이주민일수록 자신의 사회경제적 지위에 대한 인식이 중하층~최하층에 속한다는 응답률이 높아지고 있었다. 이는 최근에 급격하게 남한사회의 사회경제적 환경이 어려워지고 있다는 점과, 사회적 불평등의 증가와 관련이 깊은 것으로 보인다.

〈표 2〉 사회경제적 지위 인식(중하층+하층+최하층)

구분		2017	2018	2019	2020	2021
전체	소계	80.7	81.9	81.2	79.4	78.1
성별	남자	81.5	86.2	83.9	81.5	80.0
	여자	80.3	80.5	80.4	78.8	77.6
연령별	15~19세	79.0	72.7	77.4	78.4	75.6
	20대	82.7	84.9	81.7	80.2	80.8
	30대	78.0	82.2	81.1	77.3	75.3
	40대	79.7	78.0	78.2	79.3	77.0
	50대	81.6	84.5	83.7	80.9	80.4
	60대 이상	87.0	87.6	86.9	81.1	80.3

구분		2017	2018	2019	2020	2021
남한 거주 기간별	3년 미만	83.1	84.6	85.0	85.1	86.8
	3~5년 미만	82.8	85.3	85.9	82.1	83.9
	5~10년 미만	80.3	81.8	79.9	80.6	78.0
	10년 이상	79.5	80.3	80.2	76.3	76.1

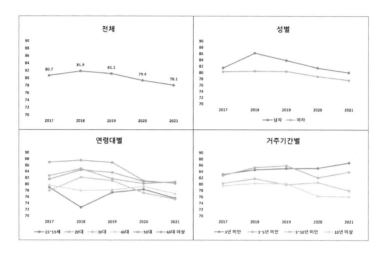

다음의 〈표 3〉은 자식 세대의 사회경제적 지위 개선에 대한 가
능성 인식으로서 매우 높음과 비교적 높음으로 응답한 비율이다.
전체적으로 보면 2019년에 67.2%가 긍정적으로 응답하였으며,
이후로는 큰 차이 없이 유지되고 있었다. 성별로 보면 남성의 긍정
응답이 여성에 비해 높았고, 연령대로 보면 30대가 가장 높았다.
남한 거주기간별로는 5~10년 미만이 거주자가 가장 높은 것으로
나타났다.

<표 3> 자식 세대의 사회·경제적 지위 개선 가능성 인식(매우 높음+비교적 높음)

구분		2019	2020	2021
전체	소계	67.2	67.0	67.0
성별	남자	71.0	72.4	68.2
	여자	65.9	65.3	66.6
연령별	15~19세	70.9	70.7	71.1
	20대	64.7	70.6	70.3
	30대	67.6	70.1	72.5
	40대	66.4	63.6	63.9
	50대	65.4	62.5	63.3
	60대 이상	75.0	70.9	65.0
남한 거주 기간별	3년 미만	67.0	63.0	65.5
	3~5년 미만	66.4	66.4	63.9
	5~10년 미만	67.1	66.7	69.4
	10년 이상	67.4	68.6	66.4

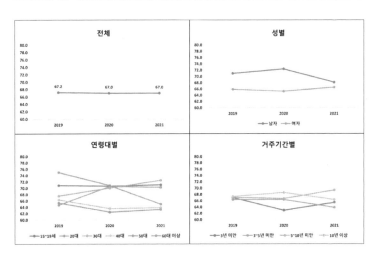

2) 경제활동 영역

다음 〈표 4〉는 북한이탈주민의 경제활동 참여율이다. 최근 5년 간 경제활동 참여율은 60%를 약간 넘는 수준으로서, 2018년에 64.8%로 가장 높았다가 2021년 현재 61.3% 정도를 보이고 있다. 성별로는 여성의 경제활동 참여율이 50%대에 머무르고 있으며, 연령대로는 50대가 72.4%로 가장 높은 편이었다. 비수도권에 거 주하는 경우에 경제활동 참여율이 좀 더 높았고, 거주기간이 길수 록 경제활동 참여율이 높았다.

〈표 4〉 북한이탈주민의 경제활동 참여율

구분		2017	2018	2019	2020	2021
전체	소계	61.2	64.8	62.1	60.1	61.3
성별	남자	73.1	75.3	72.7	74.1	73.9
	여자	57.3	61.3	58.6	55.7	57.4
연령별	15~19세	13.9	15.8	11.0	12.5	9.2
	20대	52.0	58.2	53.0	56.8	55.0
	30대	66.6	66.3	63.3	63.8	65.5
	40대	73.3	77.2	75.6	68.7	69.7
	50대	69.5	71.8	70.8	68.3	72.4
	60대 이상	22.1	27.8	28.1	31.1	28.2
거주 지역별	수도권	59.9	64.9	60.0	58.3	60.0
	비수도권	63.5	64.6	65.9	63.4	63.8
남한 거주 기간별	3년 미만	55.9	62.9	54.7	52.6	50.5
	3~5년 미만	60.3	58.5	61.5	60.6	56.4
	5~10년 미만	61.1	67.0	63.5	61.1	61.2
	10년 이상	64.2	64.2	63.3	61.3	63.7

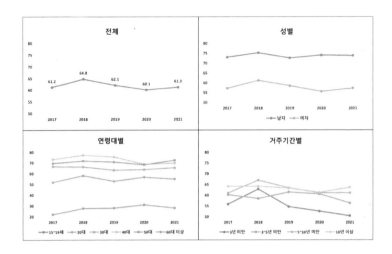

다음 〈표 5〉는 북한이탈주민의 실업률이다. 2020년에 9.4%로 가장 높았다가 2021년 현재 7.5%이다. 성별로는 여성의 실업률이 높았고, 연령대로는 10대를 제외하고 20, 30대의 실업률이 높았다. 수도권에 거주하는 경우에 실업률이 좀 더 높았고, 3년 미만 거주자의 실업률이 가장 높았다.

〈표 5〉 북한이탈주민의 실업률

구분		2017	2018	2019	2020	2021
전체	소계	7.0	6.9	6.3	9.4	7.5
성별	남자	5.1	5.0	2.9	4.7	4.4
	여자	7.7	7.6	7.7	11.4	8.7
연령별	15~19세	1.8	13.5	19.6	16.2	6.4
	20대	9.3	9.9	8.9	12.0	9.2
	30대	7.1	8.4	5.8	8.8	10.1
	40대	6.2	5.9	5.9	10.0	6.5
	50대	6.8	4.2	6.3	8.2	5.6
	60대 이상	6.5	6.7	4.2	7.2	5.8

구분		2017	2018	2019	2020	2021
거주 지역별	수도권	7.6	5.9	5.8	9.5	7.8
	비수도권	6.0	8.5	7.2	9.4	7.0
남한 거주 기간별	3년 미만	12.0	10.2	11.8	14.5	13.6
	3~5년 미만	6.4	7.1	7.8	9.7	5.7
	5~10년 미만	7.0	8.0	5.2	8.1	6.3
	10년 이상	5.0	4.2	5.7	9.3	7.6

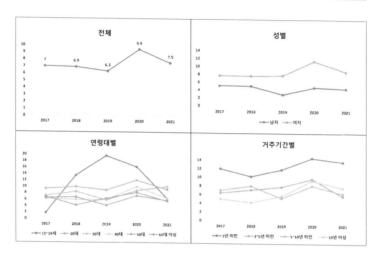

3) 복지 및 생활 전반

다음 〈표 6〉은 북한이탈주민의 사회보장제도 만족도 평균이다.
전체적으로 70점 이상의 만족도를 보였다. 여성, 60대 이상, 3년
미만 거주자의 만족도가 비교적 높았으며, 수도권과 비수도권 간
의 사회보장제도 만족도는 거의 비슷하였다. 중앙정부 차원의 사
회보장제도의 혜택이 거의 대부분이고, 지자체 차원 지원은 찾기
어려운 현실을 반영하는 것으로 보인다.

〈표 6〉 북한이탈주민의 사회보장제도 만족도

구분		2017	2018	2019	2020	2021
전체	소계	71.3	71.3	72.7	75.5	73.7
성별	남자	69.8	71.6	72.1	74.9	72.9
	여자	71.7	71.1	72.9	75.7	74.0
연령별	15~19세	69.3	74.4	71.0	74.5	72.3
	20대	69.2	69.6	69.6	74.0	73.6
	30대	69.4	69.0	71.0	74.9	70.7
	40대	71.3	71.9	73.5	75.5	74.4
	50대	74.3	72.6	74.0	75.5	74.4
	60대 이상	76.3	75.7	78.0	79.2	77.5
거주 지역별	수도권	71.0	70.7	72.3	76.5	73.6
	비수도권	71.6	72.2	73.5	73.7	73.9
남한 거주 기간별	3년 미만	74.3	75.7	77.7	80.1	77.7
	3~5년 미만	73.2	73.5	73.0	74.7	76.1
	5~10년 미만	71.1	71.1	72.9	75.9	73.7
	10년 이상	69.5	69.5	70.4	74.1	72.8

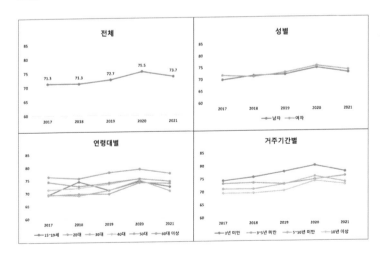

다음 〈표 7〉은 북한이탈주민의 주관적 건강 인식으로서 평균 점수를 제시한 표이다. 전반적으로 50점 정도로 나타나 주관적 건강 인식이 좋다고 보기는 어려웠다. 특히 여성, 50대 이상은 각각 43.7점, 36.2점으로 나타나 건강과 관련된 서비스들이 필요함을 시사하였다.

〈표 7〉 북한이탈주민의 주관적 건강 인식(평균)

구분		2017	2018	2019	2020	2021
전체	소계	52.5	52.4	51.2	51.1	50.4
성별	남자	59.1	60.2	59.2	60.2	58.7
	여자	50.3	49.8	48.7	48.3	47.8
연령별	15~19세	71.6	76.3	68.7	73.3	71.8
	20대	64.3	64.5	62.4	63.0	61.5
	30대	57.4	55.4	56.3	54.9	56.2
	40대	49.0	50.8	49.1	48.6	49.6
	50대	42.6	43.1	41.3	45.5	43.7
	60대 이상	37.8	36.2	39.9	38.6	36.2
거주 지역별	수도권	52.3	52.2	50.9	50.0	49.9
	비수도권	53.0	52.8	51.9	53.3	51.5
남한 거주 기간별	3년 미만	52.3	52.0	53.4	51.5	51.1
	3~5년 미만	52.8	55.4	52.2	50.6	51.5
	5~10년 미만	53.5	52.4	53.1	52.8	52.5
	10년 이상	50.9	51.7	48.0	49.7	49.0

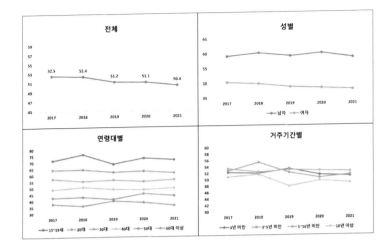

3. 북한이주민을 대상으로 한 지역사회복지의 현주소

현재 우리나라에서 북한이주민을 대상으로 한 서비스를 제공하는 주된 기관은 하나센터라고 할 수 있다.[1] 2022년 기준으로 하나센터는 서울에 네 곳(남부, 동부, 북부, 서부)이 위치해 있고, 경기도의 경우 여섯 곳(남부, 동부, 북부, 서부, 서북부, 중부)이 운영되는 등 전국적으로 총 25개소가 존재하고 있다. 지역별로 종합사회복지관에서 북한이주민을 지원하는 하나센터의 기능을 수탁받아 운영하기도 하고, 북한이탈주민지원재단에서 직접 운영하는 경우도 있다.

이러한 하나센터는 지역사회에서 북한이주민의 안정적인 남한 사회 정착을 지원하기 위하여 초기 적응 교육이나 공공 서비스 연계 및 제공, 사례관리를 주 역할로 하고 있다. 지역의 종합사회복지관의 경우 통일부의 지원을 토대로 '지역전입 지원 및 정착도우미 사업', '북한이탈주민 사례관리 사업', '초기 집중교육', '지역적응지원', '지역주민교류 및 네트워크 사업(지역사회 네트워크 구축 및 연계)'의 지정된 사업을 수행하고 있다. 또한 서울남부하나센터(한빛종합사회복지관)의 경우 자체적으로 '북한이탈대학생을 대상으로 한 장학사업', '취업지원사업', '사회적응지원사업', '북한이탈주민 조직화사업', '북한이탈주민 기초생활물품지원사업(서울시 연계)'과 같은 서비스를 제공하고 있기도 하다. 이 절에서는 북한이주민에 대한 지역사회 차원의 서비스를 전반적으로 살펴보고자 하였다.

---

1 통일부 북한이탈주민 포털 사이트에서 하나센터에 대한 정보를 얻을 수 있다. https://hanaportal.unikorea.go.kr/

1) 하나센터의 주요 서비스 제공 현황

앞서서 간략하게 서울남부하나센터의 북한이주민에 대한 기본 및 추가적인 서비스를 소개한 바 있다. 이러한 서비스에 대한 사업명과 내용을 요약적으로 정리하면 다음의 〈표 8〉과 같다.

기본적으로 통일부의 지정사업은 '지역전입지원 및 정착도우미 사업' 등 총 5개로 구성되어 있다. 구체적으로, 지역전입 시 전입신고 등의 공공 절차를 진행하고 정착도우미를 발굴, 연결하여 지역사회 내에서 물품 구입을 위하여 시장이나 마트, 은행, 관공서 등에 동행할 수 있도록 지원한다. 또한 생활에 필요한 기본적인 생활정보를 제공하는 역할 또한 정착도우미를 통해서 이루어지도록 한다. '북한이탈주민 사례관리사업'을 통하여 북한이주민에 대한 초기 상담을 실시한 후 사례관리를 진행한다. 특히 개별화된 욕구에 맞추어 문제를 해결하거나 욕구 충족을 위한 다양한 개입을 실시한다. '초기집중교육'은 전입 1년 미만의 북한이주민을 대상으로 월 1회 제공하며, 초기 정착에 대한 교육, 진로 탐색 및 직업에 대한 준비, 개인 역량의 강화, 생애에 대한 설계 등의 내용을 중심으로 하여 정착을 돕는다. '지역적응지원'의 경우 교육 및 진학에 대한 지원, 남한의 사회보장제도에 대한 교육, 법률적 지원 등으로 구성되어 있다. 마지막으로 '지역주민교류 및 네트워크 사업'은 북한이주민이 남한의 지역민들과 함께 만나 바자회나 나눔행사, 송년행사 등을 통해 시간을 가질 수 있도록 기회를 제공하고, 지역민을 대상으로 인식 개선 캠페인을 진행하는 등 양자에 대한 상호 간 적응을 주목적으로 한다.

이러한 지정사업은 전국에 위치한 하나센터에서 대동소이하게 실시되고 있는데, 아쉽게도 북한이주민 당사자들로부터 긍정적인 평가를 받고 있지는 못하다. 『2021 북한이탈주민 정착실태조사』를 분석해보면 임금 근로 중인 북한이주민의 구직 경로에 있어서 '대중매체'에 대한 의존도가 28.8%로 가장 높았으며, '남북하나재단 · 하나센터'는 16.3%로 나타나 낮은 수준이었다(기호일보, 2022.10.13., "남북하나센터 있으나 마나 탈북인 취업 대중매체 의존"). 북한이주민이 바라는 정부 지원이 취 · 창업 지원이라는 응답으로 미루어 보았을 때, 하나센터라는 정부 기관의 실효성에 대한 의문점이 있을 수밖에 없는 상황이다.

위에서 보았듯이 북한이주민은 나름대로 다양하고 집중적인 교육 서비스를 제공받고, 동시에 거주지 전입 이후 5년간 경찰과 지방자치단체로부터 신변 보호를 받는다. 잘 알려져 있듯이 정착지원금, 취업장려금, 주거지원금을 정부로부터 지원받기도 한다. 그럼에도 불구하고 북한이주민들은 경제적으로 불안정한 삶을 살고 있다. 하나원 퇴소 후 4개월 내에 구직 비율이 84.3%에 달한다는 정부의 보고가 있으나, 취업 후 3년 내에 직장을 그만두는 북한이주민의 비중이 69.4%에 달한다는 결과가 동시에 존재한다. 또한 직업적으로 안정성이 떨어지는 단순노무종사자 비율이 26.8%, 서비스 종사자 17.8% 순으로 나타나는 등 언제든지 실업을 겪더라도 이상하지 않은 상황이다. 국내의 임금 근로자 월평균 소득이 327만 1,000원인데, 북한이주민의 월평균 소득은 227만 7,000원으로 나타나 평균 백만 원가량 차이가 나는 점이나, 북한이주민의

<표 8> 서울남부하나센터 사업

구분	사업명	내용
통일부 지정	지역전입지원 및 정착도우미 사업	– 하나원 퇴소 후 지역으로 전입하는 북한이 탈주민에 대한 전입지원 – 정착도우미 발굴 및 연결 – 정착도우미 정기모임(월 1회) 등
	북한이탈주민 사례관리사업	– 초기 인테이크 및 사례회의를 통한 체계적인 관리시스템 시행 – 특성에 따른 개별화와 문제해결 및 욕구충족 지원을 위한 상담, 서비스 – 개별 상담, 의료서비스, 생필품 지원 등
	초기집중교육	– 전입 1년 미만의 북한이탈주민 – 월 1회(매회 50시간 교육) – 수료 혜택: 교육수료증 발급, 교통비 지급 – 주요 교육내용: 초기정착교육, 진로탐색 및 직업준비, 개인역량강화, 생애설계 등
	지역적응지원	– 관내 거주하는 북한이탈주민 대상 – 교육 및 진학지원, 사회보장제도교육, 법률지원 등
	지역주민교류 및 네트워크 사업	– 인식개선 캠페인 및 사업 – 바자회 등 나눔행사 – 송년행사 – 보호담당관 간담회 – 지역협의회 및 북한이탈주민분과 회의 – 자원개발 및 연계활동 등
지정 외 사업	대학생 장학사업	– 탈북대학생 장학지원, 멘토링 활동
	취업지원사업	– 구직 알선 지원 – 취업 직업훈련 상담, 안내 – 구인처 발굴 및 연결, 사후관리 – 취업 역량강화교육 및 지지활동 – 취업간담회, 업체간담회 등
	사회적응지원사업	– 주말농장
	조직화 사업	– 자원봉사단 운영
	기초생활물품 지원사업	– 초기전입 북한이탈주민 대상 – 필요 기초생활물품 제공(가전제품 중심)

평균 근속 기간이 31개월로, 일반 국민의 평균 근속 기간이 70개월인 데에 비해 절반도 못 미치는 수준이었다(2021 북한이탈주민 정착 실태조사). 기본적으로 삶을 영위할 수 있는 조건이 열악한 상황임을 쉽게 짐작할 수 있으며, '먼저 온 통일'이라는 표현이 암울하게 느껴질 정도이다.

이러한 현실태와 관련하여 지역의 하나센터들은 비지정 사업 등을 추가로 진행하여 보다 촘촘하고 다양한 서비스를 제공하고자 노력 중이다. 〈표 8〉에서 지정 외 사업을 살펴보면, '대학생 장학 사업'에서부터 '기초생활물품 지원사업'에 이르기까지 기본생활을 지원하고, 나아가 미래 세대의 북한이주민에게 고등교육의 기회를 제공하는 등의 노력을 기울이고 있었다.

2) 그 밖의 비지정(외부 지원) 사업

다음 〈표 9〉는 전국의 하나센터에서 진행하고 있는 비지정(외부 지원) 사업 중 특기할 만한 내용을 개괄적으로 제시한 것이다. 경기도의 경우 광역도 차원에서 북한이주민을 대상으로 '인턴십 지원', '가족 통일결연사업', '통일한마당' 등의 사업을 지원함으로써 북한이주민의 취·창업과 관련된 지원 및 남북한 주민 간의 화합과 사회적 통합을 고려한 사업을 진행하고 있는 것으로 나타났다. 경기도에 위치한 경기남부하나센터는 '가족사랑 텃밭가꾸기', '평화 현장 견학', '통일음식만들기', '합동망향제' 등의 사업을 진행하고 있었고, 경기동부하나센터의 경우 취업면접 시 동행해주는 '동행 면접', 금융과 관련된 '미래행복통장', '(일자리)단기연수', '일자리박

람회' 등을 진행하는 것으로 나타났다.

강원도에서는 강원남부하나센터에서 '지역사회 뿌리내리기 사업'이란 명칭으로 동아리 활동 등을 지원하는 서비스를 제공하고 있었고, '자격증 취득 지원 사업', '학업 지원 사업'을 진행하는 것으로 나타났다.

몇몇의 지역 하나센터에서 시행하는 비지정 사업들은 나름대로 특화사업이면서도 보편적으로 적용하기에도 큰 무리가 없어 보이는 사업들로 잘 구성된 것으로 보인다. 다만 그 외의 지역 하나센터들은 통일부 북한이탈주민포털의 하나포털에서 홈페이지 안내를 찾아볼 수 없었고, 비지정 사업의 수행 여부 또한 잘 알기 어려운 한계가 있었다. 중앙정부가 북한이주민과 관련해서 운영하는 대표적인 인터넷 서비스 중 하나인데, 전반적인 재정비와 기관의 적극적인 협조가 필요해 보이는 상황이었다.

또한 아쉬운 것은, 하나센터 외에도 지역사회의 종합사회복지관 중심으로 다양하게 북한이주민과 관련된 서비스나 프로그램이 진행되고 있을 텐데, 이러한 정보가 전혀 제공되고 있지 못하다는 점이다. 일일이 다 조사하여 정보를 제공하는 것은 쉽지 않은 일이지만, 지역사회의 종합사회복지관들이 국가의 지원을 받아 운영되고 북한이주민이 많이 거주하는 지역에서는 관련 프로그램을 다양하게 개발하여 제공한다는 측면에서 정보교류의 차원과 양질의 프로그램 확산 등의 목적을 가지고 연 1회 정도라도 관련된 내용을 포털을 통해 제공하는 것이 필요해 보인다.

〈표 9〉 하나센터에서 실시하는 비지정(외부 지원)사업

구분		사업
경기	광역도	– 인턴십 지원 – 가족 통일결연사업 – 통일한마당 등
	경기남부 하나센터	– 가족사랑 텃밭가꾸기 – 평화현장 견학 – 통일음식만들기 – 합동망향제 등
	경기동부 하나센터	– 동행면접 – 미래행복통장 – 단기연수 – 일자리박람회 등
강원	강원남부 하나센터	– 지역사회 뿌리내리기 사업 – 자격증 취득 지원 사업 – 학업 지원 사업

3) 논의점

이 장의 첫 절에서는 남한의 복지정책과 복지 대상자로서의 적격성 등을 살펴보았다. 현행법상으로 북한이주민이 대한민국의 국민으로서 적격한 지위를 가지기 때문에 복지정책의 대상자가 되는 것이 분명하다는 논의를 실시하였다. 한편 이러한 법적, 제도적 내용이 존재함과 동시에 사회의 저변에서, 인식 수준에서 보다 장애물이 존재함을 같이 살펴보았다. 대한민국에서 북한이주민은 여전히 '우리'의 범주에 들기 어려운 현실이고 사회경제적 상황이 점점 더 어려워짐에 따라 사회적 관용이나 포용을 기대하기에도 쉽지 않은 상황이다.

이러한 맥락에서 가장 중요한 부분은 아무래도 북한이주민을 대상으로 한 복지정책이나 프로그램보다는 원주민이라고 할 수 있는 남한 사람들이 북한이주민을 바라보는 시선이나 편견, 고정관념을 되짚어보는 일일 것이다. 한국은 아직까지 명백한 다문화사회는 아니지만, 저출생 고령화의 여파로 경제활동인구가 확연하게 줄어들고 사회구조에 있어서 지속 불가능의 우려가 점차 현실화되는 추세를 보면 다문화사회로의 전환은 불가피해 보인다. 여전히 사회 곳곳에 남아 있는 '한민족' 신화를 생각해보면 다문화보다는 북한이주민이 심리적 또는 인지적으로 더 가깝게 느껴져야 하지만, 실제로는 그렇지 못하다. 여러 상황에 따른 관점에서 누군가를 '받아들여야' 하는 대안으로 귀결된다면, 결국 문제는 원주민들이 다문화적 수용성을 높이고 적극적으로 이주민을 복지제도 안에 포섭하여 복지제도를 위한 기여를 비롯하여 혜택의 영역까지 가능한 사회를 만들어나가는 것이 필요하다고 생각된다.

그간의 북한이주민에 대한 대한민국 정부의 복지 차원의 노력은 크게 긍정적이지도, 부정적이지도 않다. 북한이탈주민실태조사 데이터를 활용하여 최근 5년간의 적응 및 정착 정도를 살펴본 결과, 남한 생활에 대한 만족도는 2018년 이후 조금씩 높아지면서 2021년 76.5%의 긍정 비율(매우 만족+만족)을 보였다. 사회경제적 지위에 대한 인식에 있어서도 점차 개선되고 있었고, 자식 세대의 사회경제적 지위 개선에 대한 기대는 67% 선에서 유지되고 있었다.

한편 경제와 관련하여 북한이주민의 경제활동 참여율은 2021년 기준 61.3% 수준이었고, 남성이 23.9%인 데 반해 여성은

57.4%로 나타나 한국사회의 노동시장 성별 격차에 대한 환경적 상황이 북한이주민에게도 영향을 미치고 있음을 알 수 있었다. 실업률의 경우 7.5% 정도로 나타났는데 이는 북한이주민이 아닌 일반 주민과 비교하여 2배 정도 높은 수치이다.

대한민국의 사회보장제도에 대해서는 만족도가 70%를 상회할 정도로 높은 편이었으며, 북한이주민 스스로 인식한 주관적 건강 인식의 경우 전반적으로 50점 정도로 나타나 건강과 관련된 서비스가 필요함을 보여주었다.

이러한 수치들을 살펴보면 구체적인 개입의 방향으로는 경제활동에 대한 복지정책의 확대 및 내실화, 폭넓은 의료서비스의 제공, 식생활의 개선 등을 들 수 있다.

마지막으로 지역에 존재하는 하나센터의 운영 및 정보제공과 관련한 점검 및 재정비가 필요하다. 전국적으로 25개의 하나센터가 운영되고 있었는데, 초기 정착이나 교육 등의 기본적인 기능을 수행하고 있는 것으로 나타났다. 그러나 그러한 기능만으로는 부족하고 실제로 목표한 효과성을 어느 정도 달성하고 있는지에 대해서도 다소 불명확한 부분이 많다. 종합사회복지관에서 하나센터는 수탁운영 하는 경우 후원 등을 통하여 별도의 추가적인 사업을 제공하기도 하였으나 재정이나 인력 등의 한계로 인하여 서비스의 제공이 충분하기 어려울 것으로 보인다.

종합하면, 북한이주민에 대한 복지정책은 보다 적극적인 차원에서 이루어져야 한다. 기본적인 정보의 제공이나 교육, 사례관리와 같은 정책적 지원은 바람직한 수준이고 전달체계의 측면에서도 하나센터를 통해서 지역별로 이루어지기 때문에 양호하다고 판단된다. 그러나 서비스의 질적인 부분이나 경제활동을 비롯한 소득보장의 측면에서는 여전히 물음표인 부분이 많이 있다. 현재 수준에서 머무를 것이 아니라 보다 세밀해지고 개별화된 욕구 충족이 가능하도록 인력 및 예산을 확충할 필요가 있다. 한 사회의 복지나 인권의 수준이 가장 높은 수준의 서비스로 측정되는 것이 아니라 가장 취약하고 소외된 계층에게 제공되는 서비스의 양과 질로 측정되어야 한다는 점에서 북한이주민에 대한 복지적 개입은 더욱 중요한 부분이다.

‖ 참고문헌

김화순 · 최대석. 2011. 탈북이주민 정착정책의 인식과 과제: 정착지원을 넘어 사회통합으로. 통일정책연구, 20(2), 37-73.

설동훈. 2008. 한국사회의 외국인 이주노동자: 새로운 '소수자집단'에 대한 사회학적 설명, 수선사학회, 34호, 53-77.

이상철. 1997. 북한이탈주민의 보호 · 지원법제 현황 및 문제점. 법제연구, 제12호.

제성호. 2002. 북한이탈주민의 문제점과 개선방안, 통일정책연구, 11(2), 227-254.

한명진. 2020. 북한이탈주민의 사회통합을 위한 법정책적 고찰-북한이탈주민의 보호 및 정착지원에 관한 법률의 내용을 중심으로-. 공법학연구, 21(1), 3-31.

Castles, S. & Miller, M. 2003. The Age of Migration: International Population Movements in the Modern World, 3rd Edition. New York: Guilford Press.

Kreckel, R. 1999. Social Integration, National Identity and German Unification. in J. T. Marcus (Ed.) Surviving the Twentieth Century. Social Philosophy from the Frankfurt School to the Columbia Faculty Seminars. New Brunswick: Transaction Publishers.

○ 저자소개

전주람 (ramidream01@uos.ac.kr)

1979년 서울에서 태어났으며, 성균관대학교에서 가족학(가족관계 및 교육, 가족문화)으로 박사학위를 최종 취득하였다. 서울시립대학교 교육대학원 교수학습·상담심리 연구교수로 2017년 7월부터 2019년 6월까지 재직했으며, 현재는 서울시립대학교 교직부 소속으로 〈부모교육과 가족관계〉, 〈심리검사를 활용한 심리치료〉, 〈심리학의 이해〉를 가르치고 있다. 아울러 서울가정법원 상담위원으로 2014년부터 최근까지 활동 중이며, 2022년부터는 통일부 통일교육위원으로도 활동하고 있다. 지속적인 연구 관심사로는 가족관계, 부부회복, 문화갈등, 남북사회문화 등이 있다. 주요 논문으로는 「50~60대 북한이주남성들의 일경험에 관한 질적사례연구: 일의 심리학 이론을 중심으로」(공저), 「20대 이혼을 결심한 신혼기 부부에 관한 가족치료 사례연구」(단독), 「북한이주민들의 남한사회에서 직장 유지경험에 대한 질적사례연구」(공저), 「북한이주민과 근무하는 남한사람들의 직장생활 경험에 관한 혼합연구」(공저) 등이 있으며, 저서로는 『절박한 삶』(공저, 2021년 서울대학교 다양성위원회 선정도서), 『20대에 생각해보지 않으면 후회할 것들』(공저), 『부모교육』(공저) 등이 있다. 2016년 KBS 〈생로병사의 비밀: 뇌의 기적〉 600회 특집에 부부상담사로, 2021년 KBS 〈통일열차: 일요초대석〉에 출연하였다.

임해영 (hae0629@hanmail.net)

성균관대학교에서 사회복지학으로 박사학위를 받았다. 현재 예명대학원대학교 사회복지학 전공 교수로 석·박사생들을 가르치고 있다. 여성, 장애여성, 발달장애인, 질적연구방법 등에 관심을 두고 지속적으로 연구해 오고 있다. 최근 수행한 논문으로 「탈북 싱글맘들의 어머니 경험에 관한 연구-20대 성인자녀를 중심으로」, 「여성 마약중독자의 회복 체험에 관한 연구」, 「20대 지적장애인 여성의 성매매 경험에 관한 연구: Medard Boss의 현존재 분석 접근」, 「지적장애인 여성의 성적 욕구와 인식에 관한 연구」가 있다. 또한 2020년 한국연구재단 저술출판지원사업에 선정되어 '장애여성이 구성한 성과 사랑의 의미'란 주제로 집필 중에 있다.

권진 (phd.kj@kakao.com)

예명대학원대학교 사회복지학 전임교원으로 재직 중이다. 주로 강의하는 분야는 사회복지정책, 사회보장론, 사회복지법제론 등 거시 영역이며, 사회복지자료분석론 같은 양적연구 방법에 대해서도 강의하고 있다. 서강대학교에서 사회복지학(사회복지정책)으로 박사학위를 취득한 후, 남성의 일가정양립, 푸드뱅크, 인터넷 중독 관련 연구를 진행 중이다. 최근에는 '절망사(Deaths of Despair)'라는 주제로 한국연구재단의 일반공동연구에 참여 중이며, 관련하여 사회자본, 고립감, 건강불평등에도 관심을 가지고 연구의 영역을 넓히고자 노력 중이다.

북한이주민과
지역사회복지

초판인쇄 2023년 3월 3일
초판발행 2023년 3월 3일

지은이 전주람 · 임해영 · 권진
펴낸이 채종준
펴낸곳 한국학술정보(주)
주 소 경기도 파주시 회동길 230(문발동)
전 화 031-908-3181(대표)
팩 스 031-908-3189
홈페이지 http://ebook.kstudy.com
E-mail 출판사업부 publish@kstudy.com
등 록 제일산-115호(2000. 6. 19)

ISBN 979-11-6983-165-9 94330